AF026

MASSIMILIANO AFIERO

AXIS FORCES 26

WW2 AXIS FORCES

The Axis Forces 026 - First edition February 2025 by Luca Cristini Editor for the brand Soldiershop
Cover & Art Design by soldiershop factory. ISBN code: 9791255892137
Copyright © 2025 Luca Cristini Editore (BG) ITALY. No part of this publication may be reproduced, stored in a retrieval system or transmitted by any form or by any means, electronic, recording or otherwise without the prior permission in writing from the publishers. The publisher remains to disposition of the possible having right for all the doubtful sources images or not identifies. Visit www.soldiershop.com to read more about all our books and to buy them.

Direzione e redazione: Via San Giorgio, 11 – 80021 AFRAGOLA (NA) -ITALY
Caporedattore: Massimiliano Afiero
Email: maxafiero@libero.it – Sito web: www.maxafiero.it

Collaboratori
Tomasz Borowski, Grégory Bouysse, Stefano Canavassi, Carlos Caballero Jurado, Rene Chavez, Gary Costello, Paolo Crippa, Carlo Cucut, Antonio Guerra, Lars Larsen, Christophe Leguérandais, Eduardo M. Gil Martínez, Michael D. Miller, Peter Mooney, Péter Mujzer, Ken Niewiarowicz, Erik Norling, Raphael Riccio, Marc Rikmenspoel, Guido Ronconi, Hugh Page Taylor, Charles Trang, Sergio Volpe

Editoriale

Ed eccoci finalmente al primo numero del 2025, scusandoci con i nostri lettori per il tanto, troppo tempo di attesa. Purtroppo abbiamo perso per vari motivi alcuni nostri collaboratori importanti, che presi da altri impegni lavorativi non ci hanno potuto più dare una mano e quindi ci siamo ritrovati improvvisamente a dover riorganizzare tutta la programmazione editoriale della rivista. Da questo numero speriamo di poter iniziare un nuovo discorso e soprattutto essere molto più regolari nelle uscite della rivista. I nuovi articoli sono stati attentamente selezionati cercando di focalizzare l'attenzione sempre sulle forze dell'Asse e soprattutto sulle formazioni volontarie straniere che si batterono al fianco delle stesse forze germaniche o italiane. In futuro cercheremo di affrontare nuovi argomenti inediti e trattare le formazioni volontarie meno conosciute ma pur sempre interessanti dal punto di vista storico-militare. Invitiamo come sempre tutti ad inviarci commenti e segnalazioni per poter migliorare insieme a Voi i contenuti della rivista. Passiamo ad analizzare ora proprio i contenuti di questo nuovo numero: partiamo con un articolo dedicato alle SS-Jagdverbande, le formazioni speciali della Waffen-SS, segue la biografia di un volontario lettone Miervaldis Adamson, si prosegue con la Legione Tagliamento della Repubblica Sociale Italiana, la 162a divisione Turkestana, il battaglione Debica della Legione SS italiana e chiudiamo con un'altra biografia dedicata al volontario danese Egon Christophersen. Buona lettura a tutti ed arriverderci al prossimo numero.

La pubblicazione The Axis Forces tratta esclusivamente argomenti a carattere storico-militare e non intende esaltare alcun tipo di ideologia politica presente o del passato cosi come non intende esaltare alcun tipo di regime politico del secolo precedente ed alcuna forma di razzismo.

Sommario

SS-Jagdverbande di Charles Trang	Pag. 2
Waffen-Hauptsturmführer Miervaldis Adamsons di Cesare Veronesi	Pag. 28
1ª Legione d'Assalto "Tagliamento" 1943 – 1945 di Paolo Crippa	Pag. 33
La 162. (Turk.) Infanterie-Division di Danilo Morisco	Pag. 44
Il Battaglione SS 'Debica' di Leonardo Sandri	Pag. 69
SS-Unterscharführer Egon Christophersen di Antonio Guerra	Pag. 93

Carro Tigre e soldati della *Waffen-SS* per le strade di Budapest, ottobre 1944.

SS-Jagdverbande

di Charles Trang

Walter Schellenberg e Otto Skorzeny.

La 'Friedenthal Sonderverband' e la liberazione di Mussolini

Pur dipendendo dall'*SD-Ausland* diretto dall'*SS-Brigdf*. Walter Schellenberg, le *SS-Jagdverbände*, nel corso dell'ultimo anno di guerra, furono impegnate in missioni inizialmente riservate alle unità della divisione 'Brandenburg'. Il loro capo era Otto Skorzeny, un ingegnere viennese trasferito da un reggimento trasmissioni della *Luftwaffe* alla SS, il 21 febbraio 1940. Dopo un breve passaggio alla *Leibstandarte*, Skorzeny fu trasferito al reggimento 'Germania', poi dopo la campagna di Francia del 1940, passò al reggimento di artiglieria della *SS-Verfügungsdivision*. Egli servì in seno al *II.Abteilung* con la funzione di capo per la manutenzione dei veicoli (TFK). In autunno, rimpiazzò l'*SS-Stubaf*. Schäffer prendendo in carico tutto il servizio tecnico del reggimento di artiglieria. Nel gennaio 1942, vittima di coliche epatiche, dovette essere evacuato, per poi raggiungere il battaglione di deposito della *Leibstandarte* a Berlino-Lichterfelde. Promosso *SS-Hauptsturmführer*, fu trasferito al reggimento corazzato della *SS-Panzergrenadier-Division 'Totenkopf'*, ma un attacco di dissenteria lo resero inadatto per la prima linea. Nell'aprile 1943, fu assegnato al servizio 'S' (*Schule*) dell'*SD-Ausland* che dipendeva dal *RSiHA*. L'*SD-Ausland* era il dipartimento straniero del servizio di sicurezza. Questo dipartimento era sul punto di essere trasformato in un centro di spionaggio e questo lo avrebbe messo in concorrenza con l'*Abwehr* dell'ammiraglio Canaris. E così, l'*SD-Ausland* creò un battaglione (*SS-Bataillon 'Oranienburg'*) da impegnare in missioni speciali, dello stesso tipo di quelle effettuate dai *commandos* del *Brandenburgo* dell'*Abwehr*. Lo stato maggiore di questa nuova unità, il cui comando fu assegnato all'*SS-Hstuf*. Skorzeny, si acquartierò nel castello di Friedenthal. Questo battaglione fu ribattezzato *SS-Jagdverbande 502* e comprendeva una compagnia granatieri, una compagnia pesante ed un'unità trasporti. Il 25 luglio 1943, Skorzeny fu convocato alla tana del lupo, dove Hitler gli affidò la missione di liberare il Duce. Il giorno dopo, giunse in Italia in compagnia del generale Student, facendosi passare per il suo ufficiale di ordinanza.

Il generale Kurt Student impartisce gli ultimi ordini a Otto Skorzeny ed ai suoi uomini, prima dell'azione sul Gran Sasso.

Una cinquantina di uomini, guidati dall'*SS-Hstuf.* Menzel (*Chef 1.Kommando/SS-Jagdverband 502*), dall'*SS-Ostuf.* Radl (*Btl.-Adjutant*) e gli *SS-Ustuf.* Schwerdt e Warger, lo raggiunsero il 27. Le SS avevano scambiato le loro tenute con delle uniformi della *Luftwaffe*. Dopo difficili ricerche, Skorzeny riuscì a localizzare il luogo dove il Duce era imprigionato. Quest'ultimo era chiuso in un hotel per sport invernali, ai piedi del Gran Sasso, nella regione di Campo Imperatore, sugli Appennini Abruzzesi. Era necessario agire in fretta poiché gli Italiani avevano capitolato l'8 settembre. Il 12, novanta paracadutisti della *1.Fallschirmjäger-Division* e 17 dell'*SS-Jagdverband 502* (ancora chiamato *Bataillon 'Friedenthal'*) si imbarcarono a bordo di alianti *DFS 230* all'aeroporto di Pratica di Mare. Con Skorzeny c'erano l'*Oberleutnant* Berlepsch (della *Luftwaffe*), l'*SS-Hstuf.* Menzel e gli *SS-Ustuf.* Schwerdt e Warger. Con loro anche il generale dei carabinieri Soletti: la sua presenza doveva inizialmente evitare inutili spargimenti di sangue. Inoltre, il battaglione paracadutisti 'Mors' doveva attaccare dalla valle di Assergi. Errori di navigazione e noie al decollo, ridussero gli effettivi del commando a settanta uomini. Dopo un atterraggio piuttosto difficile, le SS e i paracadutisti neutralizzarono rapidamente la guarnigione italiana e liberarono Mussolini.

Nella foto a sinistra alianti e paracadutisti tedeschi sul Gran Sasso, settembre 1943. A destra uno dei *Fallschirmjäger* che presero parte all'operazione sul Gran Sasso, 1943.

Otto Skorzeny con soldati tedeschi e italiani subito dopo la liberazione di Mussolini, 1943.

Il Duce lasciò quindi il Gran Sasso e fu portato a Vienna in compagnia di Skorzeny a bordo di un *Fieseler Storch*. L'operazione fu un grande successo. Per questa azione, Skozeny fu promosso *SS-Sturmbannführer* e decorato con la Croce di Cavaliere. Approfittando di questa situazione, l'*SS-Jagdverband 502* venne rinforzata e comprendeva ormai tre compagnie motorizzate ed una compagnia di stato maggiore. Dei nuovi ufficiali si unirono all'unità; tra essi figurava l'*SS-Ostuf*. Adrian von Fölkersam, di recente trasferito dalla divisione *'Brandenburg'*, con la quale era stato decorato con la Croce di Cavaliere. Skorzeny ne fece il suo capo di stato maggiore. Tra l'ottobre e il novembre 1943, furono incrementati gli arruolamenti e ripresi gli addestramenti.

L'*SS-Stubaf*. Otto Skorzeny decorato con la Croce di Cavaliere durante una cerimonia ufficiale.

Otto Skorzeny con i suoi uomini al campo di Friedenthal.

Alla fine del mese di novembre, Skorzeny giunse a Parigi con una compagnia del suo battaglione. Gli ordini erano di circondare Vichy e di tenersi pronto a rapire il Maresciallo Pétain! Due battaglioni di polizia, forniti dall'*SS-Gruf*. Oberg, furono posti alle sue dipendenze. Alla fine, l'operazione fu annullata il 20 dicembre 1943.

Nel febbraio 1944, l'*SD-Ausland* venne fuso con l'*Abwehr*, il cui capo, l'ammiraglio Canaris, era stato costretto a rassegnare le dimissioni. Le SS di Friedenthal furono istruite anche sulle *V1* e sui siluri umani. Ma non fu lanciata nessuna nuova operazione. Il 17 aprile 1944, la *Sonderverband z.b.V. 'Friedenthal'* fu ribattezzata, diventando l'*SS-Jäger-Bataillon 502* (*SS-FHA, Amt II Org.Abt.Ia/II, Tgb.Nr.993/44 g.Kdos*). L'unità assunse quindi una nuova struttura:

Stab, Stabs-Kp.
1.-3.Schützen-Kp.(mot.)
Legionärs-Kp.(mot.)

Da notare che il battaglione era ora subordinato all'*SS-FHA*, apparteneva quindi alla *Waffen-SS*. La prima missione dell'anno giunse solo il 20 luglio 1944: una compagnia del battaglione fu inviata a Berlino per proteggere gli edifici dell'*Amt VI*.

Otto Skorzeny a Berlino, 20 luglio 1944.

Essa raggiunse in seguito la sede del Ministero della Guerra per rinforzare il battaglione 'Remer'. Una volta risolto il complotto contro Hitler, gli uomini di Skorzeny ritornarono a Friedenthal.

Alla fine del mese di luglio, lo stato maggiore di Skorzeny era il seguente:

Adjutant: *SS-Hauptsturmführer* Radl
Chef d.Stabes: *SS-Hstuf.* von Fölkersam
Ia: *SS-Hauptsturmführer* Hunke
Ib: *SS-Hauptsturmführer* Gerhardt
Ic: *SS-Ostuf.* Riedl, poi *SS-Ostuf.* Graf
IIa: *SS-Obersturmführer* Gallent
IIb: *SS-Hauptsturmführer* Weiss
III: *SS-Obersturmführer* Pinder
IVa: *SS-Hauptsturmführer* Urbanek
IVb: *SS-Hauptsturmführer* Dr Wetz
V: *SS-Obersturmführer* Weber
VI: *SS-Standartenführer* Bayer

Operazione Panzerfaust

Alla fine dell'estate del 1944, con i Sovietici che combattevano ormai sul suolo ungherese, il reggente Nicolas Horthy, tentò attraverso dei colloqui segreti, di ottenere una pace separata con questi ultimi. I Tedeschi non stettero però a guardare e Skorzeny ricevette l'ordine di conquistare il Burgberg di Budapest, sede del governo ungherese, nel caso in cui Horthy avrebbe tradito l'alleanza tedesco-ungherese. Per questa operazione, denominata in codice *'Panzerfaust'*, Skorzeny disponeva della *SS-Jagdverband Mitte* (la ex *SS-Jagdverband 502*), di una compagnia dell'*SS-Fallschirmjäger 600*, di circa 200 paracadutisti della *Luftwaffe*, di 700 allievi ufficiali della scuola di Wiener-Neustadt e di una compagnia dello *schw.Pz.Abt.503* equipaggiata con *Königstiger*. L'*SS-Hstuf.* von Fölkersam e l'*SS-Ustuf.* Ostafel (*Ord.-Offz.*) raggiunsero rapidamente Budapest dove presero contatto con la guarnigione tedesca della città. Le unità di Skorzeny, quanto ad esse, si acquartierarono nei sobborghi di Budapest all'inizio del mese di ottobre.

Reparti della *Waffen-SS* e carri Tigre reali per le strade di Budapest, 1944.

Il 15, una compagnia dell'*SS-Jagdverband 'Mitte'* assicurò la protezione dei poliziotti dell'SD venuti a prelevare il figlio del reggente, Niklas Horthy, durante il suo incontro con gli emissari di Tito. Nella stessa giornata, il reggente annunciò alla radio di aver concluso un accordo preliminare per un armistizio con i Sovietici. Ormai l'Ungheria rischiava di passare dalla parte degli Alleati. Fu dunque lanciata l'operazione *Panzerfaust*. La *22.SS-Freiwilligen-Kavallerie-Division* occupò subito tutti i punti chiave della capitale ungherese. I Tedeschi riuscirono in questo modo a controllare quasi tutta Budapest, ad eccezione del *Burgberg*, la collina con il castello del governo. Horthy fu convocato per annullare la proposta di armistizio. Il giorno dopo, Skorzeny passò all'attacco.

Un Tigre reale irrompe nel *Burgberg*.

Soldati SS nel castello di Buda, ottobre 1944.

Reparti tedeschi per le strade di Budapest, 1944.

Mentre la compagnia paracadutisti SS giungeva al Ministero dell'Interno passando sul ponte delle Catene e la 1.Kp./SS-Jagdverband 'Mitte' (SS-Ostuf. Hunke) si dirigeva verso il castello da ovest, il grosso delle forze entrò nel *Burgberg* passando dalla porta di Vienna. Gli Ungheresi non opposero resistenza. In meno di trenta minuti, il *Burgberg* fu neutralizzato. Si contarono solo 7 caduti: 4 Tedeschi e 3 Ungheresi. Il reggente Horthy mentre tentava di raggiungere l'*SS-Gruf.* Karl von Pfeffer-Wildenbruch, fu arrestato e condotto al castello di Hirschberg.

Integrazione dei commandos del Brandenburgo nella Waffen-SS

Il 4 ottobre 1944, l'*SS-FHA* emise l'ordine di integrazione dei *commandos* del *Brandenburgo*, con i loro uomini e i loro equipaggiamenti, nella *Waffen-SS*[1]. Si trattava delle seguenti unità:

Verbindungsstab West mit Streifkorps Südfrankreich, Nordfrankreich, Belgien
Streifkorpseinsatzgruppe Italien
Streifkorps Kroatien (Wehrwirtschaftsstab 85)
Streifkorps Rumänien, Siebenbürgen
Streifkorps Einsatzgruppe Slowakei

Streifkorps Einsatzgruppe Baltikum

Nella foto a sinistra, Budapest, castello di Buda, ottobre 1944: l'*SS-Stubaf*. Otto Skorzeny, con l'*SS-Hstuf*. Adrian von Fölkersam e l'*SS-Ostuf*. Walter Girg. A destra, ancora Skorzeny a Buda.

Otto Skorzeny con Adolf Hitler.

La loro riorganizzazione in seno alle *SS-Jagdverbände* fu lasciata all'*SS-Stubaf*. Otto Skorzeny. Queste unità comprendevano ora i seguenti elementi:

SS-Stubaf. **Otto Skorzeny.**

Führungsstab e Stabs-Kp.(mot.) SS-Jagdverbände
Versorgungs-Kp. (t.Bewegl.mot.) SS-Jagdverbände
Eins.Beauftr. SS-Jagdverbände
Stab e Ausb.Kp. Sondereinsatz-Abt. SS-Jagdverbände
Funkschule SS-Jagdverbände
Kampfschule SS-Jagdverbände
SS-Jäger-Bataillon 'Nordwest'
SS-Jäger-Bataillon 'Südwest'
SS-Jäger-Bataillon 'Südost'
SS-Jäger-Bataillon 'Ost'

Formazione della Panzer-Brigade 150

Mentre preparava la sua controffensiva nelle Ardenne, Hitler decise che, per conquistare i ponti sulla Mosa, aveva bisogno di una unità speciale. Quest'ultima, interamente equipaggiata con materiale americano e con i suoi uomini in divisa americana, doveva approfittare dell'effetto sorpresa e del panico creato dalla penetrazione iniziale dell'attacco per giungere verso la Mosa facendosi passare per una colonna in ritirata. Questa idea non era del tutto nuova. Già in Russia, i *commandos* del *Brandenburgo* avevano utilizzato questo espediente con successo. Per guidare la missione, Hitler scelse Skorzeny. Lo ricevette a Rastenburg il 22 ottobre. Promosso *SS-Obersturmbannführer*, Skorzeny si vide spiegare le linee principali della sua missione. Per formare la sua unità che aveva battezzato *Panzer-Brigade 150*, aveva a disposizione solo cinque settimane. Il 25 ottobre, inviò i suoi piani al generale Jodl con la lista completa dell'equipaggiamento di cui aveva bisogno. Egli previde così che la sua brigata dovesse comprendere 3.300 uomini ripartiti in tre battaglioni ed unità logistiche. Gli fu promesso un appoggio illimitato.

A sinistra, uomini della *Panzerbrigade* con uniformi nemiche e a destra con un *M3 Half Track*.

Nella stessa giornata, l'OKW emise i suoi ordini per trovare delle reclute che sapevano parlare inglese e conoscevano lo 'slang' americano. Però fin dal momento della sua iniziale preparazione, agli Alleati giunsero tutti i dettagli dell'operazione, come confermato da un rapporto dello stato maggiore della *1st Canadian Army*. Inoltre, Skorzeny trovò molte difficoltà nel riuscire a trovare per la sua brigata i materiali americani e delle reclute adatte. Il materiale esisteva, ma le unità che lo possedevano erano restie a consegnarlo.

Reparti motorizzati tedeschi alla vigilia della controffensiva nelle Ardenne, dicembre 1944.

Un soldato tedesco sul fronte occidentale, 1944.

Il 9 novembre, l'*OB West* si vide assegnare la missione di trovare 15 carri, 20 autoblindo, 20 pezzi di artiglieria trainati, 100 jeep, 40 motociclette e 120 camion così come delle uniformi americane e britanniche. Questa requisizione (nome in codice: '*Rabenhügel*') fu condivisa tra i tre gruppi di armate che comprendeva l'*OB West*. Questo materiale doveva essere portato a Grafenwöhr dove la Brigata si stava formando. Avendo poco materiale a disposizione, fu necessario completarlo con mezzi tedeschi: e fu così che dei *Panther* e degli *StuG* furono ridipinti in verde oliva con delle stelle bianche 'americane'.

Cinque *Panther* furono trasformati in caccia carri americani *M-10*! Al 5 novembre 1944, l'ordine di battaglia 'teorico' della Brigata corazzata di Skorzeny era il seguente:

- *Brigade Stab*
- *Aufklärungs-Zug*
- *Nachrichten-Zug*
- *I./Kampfabteilung 2150*
    Stab mit Nachrichten-Zug
    1.(Pz.)Kp. (22 PzKpfw.V)
    2.(Pz.Gren.)Kp. (SPW)
    3.(Pz.Sp.)Kp. (18 Pz.Sp.Wg.)
    4. – 7.(Schtz.)Kp. (mot.)
    8.(Flak)Kp. (6 Flak 8,8 cm e 3 Flak 2 cm)
- *II./Kampfabteilung 2150*
    Stab mit Nachrichten-Zug
    9.(StuG)Kp. (14 StuG.III)
    10.(Pz.Sp.)Kp. (16 Pz.Sp.Wg.)
    11.-14.(Schtz.)Kp. (mot.)
    15.(Flak)Kp. (6 Flak 8,8 cm e 3 Flak 2 cm)
- *Pionier-Kp.2150*
- *Artillerie-Batterie 2150 (6 le.FH10,5cm)*
- *Brücko 2150 (60t)*

Soldati tedeschi nelle Ardenne, 1945.

La forza reale della Brigata era però inferiore. Solo 5 *PzKpfw.V* furono consegnati il 19 novembre, 5 *StuG.III* e 6 autoblindo il 24 e 6 *m.SPW* il 27. Delle 150 vetture e 198 camion richiesti, ne arrivarono rispettivamente 57 e 74. Inoltre, un terzo dei veicoli lamentò diversi guasti ed erano bisognosi di riparazioni. I due soli *Sherman* recuperati erano ugualmente non operativi. Degli equipaggiamenti russi e polacchi, assolutamente inutilizzabili per questa operazione, si trovavano per contro in notevoli quantità. Mancavano anche 1.500 elmetti americani e sulla maggior parte delle uniformi recuperate erano dipinte le lettere 'KG' (*Kriegsgefangener*, prigioniero di guerra). Inoltre, molte uniformi erano del tipo estivo. Per quanto riguarda le reclute, la situazione era altrettanto catastrofica. Skorzeny classificò i suoi uomini in numerose categorie: la prima, costituita da uomini che parlavano perfettamente l'inglese e conoscevano lo 'slang' americano, comprendeva solo dieci soldati, dei marinai per la maggior parte; la seconda, formata da una trentina di uomini, che parlavano perfettamente l'inglese, ma non conoscevano lo 'slang' americano; la terza, comprendente circa 120 uomini, che sapevano parlare correttamente l'inglese e la quarta, di 200 uomini, che avevano imparato l'inglese a scuola. Il resto delle reclute sapeva dire solo *'Yes'*. Di fronte a questa situazione, Skorzeny si vide costretto a costituire un commando con 150 uomini che conoscevano bene l'inglese. Raggruppati in seno all'*Einheit Stielau* e posti agli ordini dell'*SS-Hstuf*. Stielau, furono rapidamente formati per la loro missione: nessuno di essi aveva esperienza con operazioni di commando e sabotaggio.

Ufficiali tedeschi studiano le mappe alla vigilia dell'offensiva, dicembre 1944.

Indicazioni prima dell'attacco, 1944.

L'*Einheit Stielau* fu allora costituito in gruppi di demolizione, composti da 5-6 uomini, destinati a sabotare ponti, depositi di carburante e munizioni, in gruppi da ricognizione, composti da 3-4 uomini, che dovevano infiltrarsi tra le linee americane per ottenere informazioni su movimenti nemici e seminando il panico nelle loro retrovie, e infine in gruppi di testa, formati da 3-4 uomini, con la missione di disturbare le comunicazioni americane tagliando le linee telefoniche, distruggendo le stazioni radio e impartendo falsi ordini. Il grosso del personale era costituito da una compagnia della *SS-Jagdverband 'Mitte'*, due dell'*SS-Fallschirmjäger-Bataillon 600*, due battaglioni paracadutisti inizialmente aggregati alla *Sonderverband 'Jungwirth'* (*Kampfgeschwader 200*) e la *7.Pz.Gren.Kp.(gep.)*. Gli equipaggi dei carri provenivano dal *I./Pz.Rgt.11*, quelli delle autoblindo dalla *1.Kp./Pz.Aufkl.-Abt.190* e dalla *1.Kp./Pz.Aufkl.-Abt.2*, quelli dei cannoni d'assalto dalla *1.Kp./s.Pz.Jg.-Abt.655*, mentre gli artiglieri arrivavano dall'*Artillerie-Abteilung 1./40* e i loro obici dalla *Führer-Grenadier-Brigade*. Lo stato maggiore della *Panzer-Brigade 150* fu costituito a partire da quello della *Panzer-Brigade 108* e quelli dei due battaglioni con del personale della *Panzer-Brigade 10* e della *Panzer-Brigade 113*. Con gli specialisti del genio e le unità logistiche, la brigata giunse a contare circa 2.500 uomini, di cui 500 della *Waffen-SS* e 800 della *Luftwaffe*.

Panther e camion tedeschi in marcia, 1944.

Un *Panther 'M10'* del *Kampfgruppe X*.

Essa fu infine ristrutturata su tre raggruppamenti tattici comprendente ciascuno uno stato maggiore, tre compagnie di fanteria, due plotoni di fanteria motorizzata, due plotoni anticarro, due plotoni mortai pesanti, un plotone pionieri, un plotone trasmissioni ed un'officina riparazioni:

- *Kampfgruppe X* (*SS-Ostubaf.* Hardieck) con i 5 *PzKpfw.V*
- *Kampfgruppe Y* (*Hauptmann* Scherf) con i 5 *StuG.III*
- *Kampfgruppe Z* (*Oberstleutnant* Wolf)

Adrian von Fölkersam con la *Ritterkreuz*.

Soldati tedeschi nelle Ardenne, 1944.

L'addestramento iniziò a Grafenwöhr sotto la direzione dell'*SS-Ostubaf.* Hardieck. Fu solo il 10 dicembre che gli ufficiali della Brigata furono informati sui dettagli della loro missione: dovevano catturare almeno due ponti sulla Mosa a Huy, Amay o Andenne. L'unità doveva entrare in azione non appena le divisioni corazzate avrebbero raggiunto le Hautes Fagnes[2]. Attaccando di notte, la Brigata doveva raggiungere i suoi obiettivi in meno di sei ore.

Operazione Greif

Il 14 dicembre, le unità del Dr Solar (nome in codice di Skorzeny) lasciarono Wahn e si raggrupparono nei pressi di Münstereifel. Nel pomeriggio del 16, la Brigata si mise in marcia seguendo le divisioni del *I.SS-Pz.Korps*. Nelle prime ore dell'attacco, Willi Hardieck rimase ucciso dopo essere finito su una mina. Fu l'aiutante di Skorzeny, Adrian von Fölkersam a rimpiazzarlo al comando del *Kampfgruppe X*. Sfortunatamente per i Tedeschi, il *I.SS-Pz.Korps* rimase bloccato. L'operazione *Greif* praticamente poteva considerarsi già fallita. Inoltre, i dettagli dell'operazione erano ormai noti agli Americani dopo che dei documenti che la riguardavano in mano alla *62.VGD*, erano stati catturati dalla *7th US AD*. Skorzeny propose quindi a Sepp Dietrich di impegnare la Brigata come truppa d'assalto e questi accettò. La *Panzer-Brigade 150* ricevette quindi l'ordine di conquistare la posizione di Malmedy nella giornata del 21 dicembre, per disimpegnare il *Kampfgruppe Peiper*. Così il 20 dicembre, i *Kampfgruppen X e Y*, si raggrupparono nei pressi di Ligneuville mentre il *Kampfgruppe Z* fu tenuto in riserva. Senza appoggio dell'artiglieria e senza effetto sorpresa, dopo che uno dei soldati era stato catturato il giorno prima, la Brigata non aveva nessuna possibilità di conquistare Malmedy. Il 21 dicembre, l'attacco del *Kampfgruppe Y* fu respinto da un terribile fuoco di sbarramento dell'artiglieria. Il *Kampfgruppe*

X fu invece bloccato sul fiume *Warche*. Il giorno dopo, il *Kampfgruppe* Y tentò di nuovo, ma ancora senza successo, di aprirsi un varco da est.

Soldati della *Waffen-SS* superano una colonna americana distrutta, dicembre 1944.

L'unico *Panther 'M10'* del *Kampfgruppe* X a raggiungere la sponda settentrionale del fiume Amblève a Malmedy. Fu bloccato a cinquanta metri dal ponte da un proiettile di *Bazooka* che lo colpì al vano motore.

Nel pomeriggio, i pionieri americani fecero saltare il ponte ferroviario sulla *Route Nationale 32*, bloccando così la strada ad ovest di Malmedy, così come quello sulla strada per *La Falize*. Anche il ponte sulla *Warche* fu ugualmente distrutto. I vari elementi della *Panzer-Brigade 150* restarono in linea fino al 28 dicembre, per essere poi rilevati dai reparti della *18.Volks-Grenadier-Division*. L'unità fu quindi trasferita a Schlierbach ad est di Saint-Vith, dove fu imbarcata su treno in direzione di Grafenwöhr. Qui, fu disciolta e i suoi uomini furono rinviati alle loro unità di origine. Le sue perdite furono del 15% circa degli effettivi impegnati all'inizio dell'offensiva.

Un altro *Panther M10* abbandonato nei pressi del villaggio di La Falize.

Uno *StuG.III* 'americano' abbandonato a Géromond.

I commandos della Einheit Stielau

Nei primi giorni della *'Wacht am Rhein'*, Skorzeny inviò tra le linee americane quattro squadre di *commandos* da ricognizione e due squadre di *commandos* da demolizione mentre una squadra di *commandos* fu impegnata con ciascuna delle seguenti unita:

- 1.SS-Panzerdivision 'LSSAH'
- 12.SS-Panzerdivision 'Hitlerjugend'
- 12.Volksgrenadier-Division
- Kampfgruppen X, Y e Z

Queste squadre di *commandos* ottennero dei successi incredibili, considerando il loro piccolo numero. Esse crearono caos e confusione tra le linee americane, tagliando le linee di comunicazione, deviando delle unità dalle loro destinazioni. L'impatto psicologico fu tale che gli Americani iniziarono a vedere degli agenti infiltrati nemici e dei sabotatori ovunque. Alla fine delle operazioni, diciotto uomini dell'*Einheit Stielau*, furono catturati, sottoposti a corte marziale a Henri-Chapelle e giustiziati.

A sinistra, la tragica fine di una squadra dell'*Einheit Stielau*: una Jeep distrutta ed un membro dell'unità ucciso, dicembre 1944. A destra, la cattura di un membro della stessa unità.

Otto Skorzeny nel settore di Schwedt.

La testa di ponte di Schwedt

Terminate le operazioni nelle Ardenne, il 30 gennaio 1945, Skorzeny ricevette l'ordine di assumere il comando delle truppe che dovevano stabilire una testa di ponte a Schwedt am Oder. Questa doveva servire da base per un successivo contrattacco. Per questa missione, Skorzeny disponeva della *SS-Jagdverband 'Nordwest'*, i cui effettivi erano quelli di una compagnia, di una parte della *SS-Jagdverband 'Mitte'* e dell'*SS-Fallsch.Jg.-Btl.600*. Da notare che dopo il 10 novembre 1944, l'*SS-Fallsch.Jg.Btl.600* e l'*SS-Fallsch.Jg.Ausb.Kp.* facevano parte delle *SS-Jagdverbände* (*SS-FHA, Amt II Org.Abt.Ia/II, Tgb.Nr.4214/44 g.kdos*). I convogli giunsero a Schwedt il 31 gennaio 1945. La guarnigione locale comprendeva 150 sottufficiali e aspiranti di una scuola del genio e 500 membri anziani e giovani di un battaglione del *Volksturm*. Alcuni isolati e fuggitivi, tagliati fuori dalle loro unità, furono arruolati per la difesa della testa di ponte. I numerosi rifugiati furono canalizzati verso ovest, mentre fu stabilito un avamposto a Königsberg-Neumark con la *3.Kp./SS-Fallsch.Jg.-Btl.600* (*SS-Ostuf.* Markus). Un nuovo battaglione della milizia *Volksturm* formato dai portuali di Amburgo e da personale della *Luftwaffe*, giunse a rinforzare il dispositivo difensivo. Skorzeny organizzò un piccolo stato maggiore affidato alla responsabilità dell'*Oberstleutnant* Walther, un veterano della divisione *'Brandenburg'*. Delle fortificazioni, che formavano un arco di cerchio tra i 5 e i 6 chilometri di raggio furono rapidamente formate sulla sponda orientale dell'Oder. Tre gruppi *Flak*, equipaggiati con cannoni da 88 e 105, costituivano l'armamento pesante della divisione *'Schwedt'* (chiamata anche *Sonderverband 'Skorzeny'*) che comprendeva ora 12.000 uomini grazie all'arrivo di uno squadrone di cavalleria e di volontari rumeni della *Waffen-SS*. Quindici *Pak 40* (7,5 cm), recuperati in una fabbrica a sud della città, rinforzarono ugualmente il potenziale difensivo.

Artiglieria contraerea tedesca sul fronte dell'Oder, febbraio 1945.

Postazione difensiva sulla testa di ponte di Schwedt.

Inoltre, l'*Heeres-StuG-Brigade 210* (*Major* Langel) fu messo a disposizione della 'divisione'. Proveniente da Stettino, essa comprendeva 31 *StuG.IV* appena usciti dalla fabbrica. L'8 febbraio, i Sovietici attaccarono le posizioni di Grabow e Hausberg. Essi persero tredici carri durante gli scontri con i cannoni d'assalto delle batterie *'Kohler'* e *'Naumann'*. La posizione di Johannisgrund fu riconquistata dalla *2.Kp./SS-Fallsch.Jg.-Btl.600* (*SS-Ostuf*. Scheu) e da alcuni elementi della *SS-Jagdverband 'Mitte'* (*SS-Hstuf*. Fucker). Tra il 9 e il 10 febbraio, i Sovietici intensificarono la loro pressione. Le perdite tedesche furono pesanti, ma la testa di ponte tedesca continuò a resistere. Quest'ultima fu rinforzata da una compagnia d'assalto proveniente da Friedenthal (*SS-*

Sturm-Kp.) agli ordini dell'*SS-Ostuf*. Schwerdt e da una compagnia di tiratori scelti (*SS-Scharfschützen-Kp.*) guidata dall'*SS-Ostuf*. Wisler.

SS-Fallschirmjäger sulla testa di ponte di Schwedt, 1945.

SS-Fallschirmjäger e carro sovietico distrutto.

Il 17 febbraio, i Sovietici ripresero la loro offensiva, concentrando i loro sforzi davanti Nipperwiese, nel settore a nord della testa di ponte. Questo villaggio era difeso dal grosso della *SS-Jagdverband 'Nordwest'* e dal battaglione avieri (inizialmente destinato a servire in seno alla *Fallschirm-Panzergrenadier-Division 'Hermann Göring'*). Queste unità tennero le loro posizioni per sei giorni, distruggendo alcune decine di carri nemici. Alla fine del mese, la *3.Kp./SS-Fallsch.Jg.-Btl.600* fu costretta ad abbandonare l'avamposto di Königsberg-Neumark. I difensori della città ripiegarono sulla linea principale di resistenza. I combattimenti continuarono a farsi sempre più accaniti. Un rapido contrattacco permise di riconquistare il villaggio di Hanseberg, a sud di Schwedt. Tuttavia, questo successo locale non contava più nulla. La testa di ponte, che dipendeva tatticamente dall'*SS-Oder-Korps* (*SS-Ogruf.* von dem Bach), non rappresentava più un interesse strategico nel quadro generale del sistema difensivo tedesco e quindi giunse l'ordine di evacuarla. Skorzeny fu chiamato a Friedenthal il 1° marzo 1945. Le *SS-Jagdverbände* furono ormai impegnate in combattimento come delle semplici unità di fanteria fino al termine della guerra.

Otto Skorzeny a colloquio con l'*SS-Hstuf*. Milius a Schwedt, 1945.

SS-Fallschirmjäger **ispezionano un carro sovietico distrutto.**

SS-Jagdverband 'Mitte'

La *SS-Jagdverband 'Mitte'* venne formata a partire dalla *SS-Jagdverband 502* nell'ottobre 1944. La nuova unità, agli ordini dell'*SS-Hstuf*. Fucker, comprendeva una compagnia di stato maggiore, tre compagnie tedesche, tre compagnie di legionari ed una compagnia armi pesanti. Nel mese di dicembre, la 5.*Kompanie*, con 175 uomini, partecipò all'offensiva nelle Ardenne in seno alla *Panzer-Brigade 150*. I superstiti della compagnia raggiunsero quindi Friedenthal nel gennaio 1945. La *SS-Jagdverband 'Mitte'* combatté in seguito sulla testa di ponte di Schwedt, dal 1° febbraio al 3 marzo e poi su quella di Zehden, in seno al *Kampfgruppe Solar*, dal 3 al 28 marzo 1945. Rimasta con due sole compagnie, comprendenti in totale 250 uomini, l'unità giunse in Austria con Skorzeny per organizzare il famoso 'ridotto alpino'. Essa si insediò a Linz, dove giunsero anche i resti delle *SS-Jagdverbände 'Südwest'* e *'Südost'*. L'unità, capitolò nel maggio 1945.

Marzo 1945, fronte dell'Oder: Otto Skorzeny impegnato a consegnare il Distintivo per distruttore di carri con armi individuali ad elementi del suo gruppo da combattimento, comprendente elementi dell'esercito e della *Waffen-SS*.

Un'altra foto della cerimonia di consegna dei Distintivi.

Membri dell'*Einsatzgruppe 'Slowakei'* durante un'azione.

SS-Jagdverband 'Südost'

La *SS-Jagdverband 'Südost'* venne formata a partire dallo *Streifkorps 'Karpaten'* dei *commandos* brandeburghesi. Era diretta dal *Major* Auch, ex comandante del battaglione di legionari che si era battuto contro i partigiani francesi del Vercors. L'unità comprendeva due compagnie, l'*Einsatzgruppe 'Slowakei'* e l'*Einsatzgruppe 'Rumänien'* (agli ordini del *W-Stubaf*. Toba con l'*SS-Stubaf*. Benesch come ufficiale di collegamento) che erano state formate nell'agosto 1944. Il personale del gruppo slovacco era principalmente tedesco ma c'erano anche un centinaio di *Volksdeutsche* di Slovacchia. Il gruppo rumeno aveva dei quadri tedeschi e una settantina di *Volksdeutsche* di Romania. Le due compagnie si addestrarono a Korneuburg, città situata a nord-est di Vienna, in spionaggio, sabotaggio e organizzazione di nidi di resistenza dietro le linee nemiche. A partire dal mese di settembre e fino all'aprile 1945, i volontari rumeni furono paracadutati nella loro terra natale a piccoli gruppi o a livello individuale. Nel dicembre 1944, l'*SS-Jagdverband 'Südost'*, il cui quartier generale si trovava a Zagabria, vide i suoi effettivi ingrossarsi in maniera importante: vennero infatti ad aggiungersi ai due *Einsatzgruppen* precedentemente citati, l'*Einsatzgruppe 'Serbien-Kroatien'*, l'*Einsatzgruppe*

'Ungarn' e l'*Einsatzgruppe 'Bulgarien'*, mentre l'*Einsatzgruppe 'Rumänien'* ricevette 175 reclute supplementari. La maggior parte di queste unità era basata a Hollabrunn e Stockerau, a nord-ovest di Korneuburg, ad eccezione dell'*Einsatzgruppe 'Serbien-Kroatien'*, di base a Zagabria.

A sinistra, un graduato impartisce gli ultimi ordini ad una squadra prima di un'azione. A destra, membri di un reparto speciale tedesco a bordo di un'imbarcazione attraversano un fiume.

Soldati tedeschi a bordo di un canotto.

Nel gennaio 1945, il termine *'Einsatzgruppe'* fu rimpiazzato da quello di *'Jagdeinsatz'* dal significato più evocativo. Nel corso dello stesso mese, venne formato un *Jagdeinsatz 'Albanien'* a Zagabria, che andò a rinforzare la *Jagdverband*. Tra le operazioni lanciate dalla *SS-Jagdverband 'Südost'*, ci fu anche il tentativo di rifornire gli assediati a Budapest: il 31 dicembre 1944, il *Jagdkommando 'Donau'*, formato da trenta uomini della *Waffen-SS*, dell'esercito di Vlassov e della *Kriegsmarine*, lasciò la base di Dunalmaas e, a bordo di imbarcazioni, si mise a risalire il Danubio in direzione della capitale ungherese. I *commandos* indossavano abiti civili e avrebbero dovuto indossare l'uniforme sovietica una volta attraversate le linee nemiche. Ma l'azione fallì: le imbarcazioni del reparto speciale finirono per incagliarsi lungo il corso del fiume e dovettero essere abbandonate. Le pattuglie sovietiche le scoprirono poco dopo. Alcuni uomini riuscirono a fuggire e a raggiungere le linee tedesche passando per i monti Pilis, a nord-ovest di Budapest.

Nel mese di marzo, gli *SS-Jagdeinsätze* *'Serbien-Kroatien'*, *'Albanien'* e la *SS-Kommando Kampfschule* lasciarono Zagabria per raggiungere il resto dell'unità a Stockerau. Questa fu impegnata contro le truppe sovietiche sulla frontiera austro-ungherese, nel settore di Nickelsdorf. La *SS-Jagdverband* ripiegò passando per Berendorf, Zöbersdorf e Singerin. Nel mese di aprile, l'unità si batté a St.Pölten, St.Reith e Treisen e poi giunse a Linz. Qui, ricevette l'ordine di raggiungere il 'ridotto alpino'. L'unità si arrese infine agli Alleati nel maggio 1945.

SS-Jagdverband 'Südwest'

Nell'autunno 1944, l'*SS-Jagdverband 'Südwest'* (agli ordini dell'*SS-Stubaf*. Beck, dell'*SS-Hstuf*. Gerlach e poi dell'*SS-Hstuf*. Traege) venne formata a partire dallo *Streifkorps 'Südfrankreich'*. Nel gennaio 1945, essa comprendeva 4 compagnie tedesche e 4 compagnie straniere. Più tardi, le compagnie furono riorganizzate in tre *Jagdeinsätze*:

- SS-Jagdeinsatz *'Italien'*
- SS-Jagdeinsatz *'Nordfrankreich'*
- SS-Jagdeinsatz *'Südfrankreich'*

L'unità SS operò nella Foresta Nera, nel settore di Freudenstadt, contro le truppe della *7th US Army*. Le sue missioni riguardarono essenzialmente dei sabotaggi, distruzioni di ponti in particolare.

SS-Fallschirmjäger e *Tiger II* a **Budapest, Ottobre 1944**.

Semicingolati tedeschi impegnati in combattimento.

La scuola di combattimento (*Kampfschule*), che era stata creata a Stoccarda, si trasferì a Ulm nel marzo 1945. Il grosso della *SS-Jagdverband*, quanto ad esso, ripiegò con l'*Heeresgruppe 'G'* in direzione dell'Austria. Non si sa se riuscì a raggiungere Linz dove l'attendevano Skorzeny e le *SS-Jagdverbände 'Mitte'* e *'Südost'*.

Volontari lettoni della *SS-Jagdverband 'Ost'*.

Von Fölkersam con volontari baltici.

SS-Jagdverband 'Ost'

La *SS-Jagdverband 'Ost'* trae la sua origine dallo *Streifkorps Einsatzgruppe 'Baltikum'* dei *commandos* brandeburghesi. Quest'ultimo era passato in poco tempo dagli effettivi di un plotone a quelli di un battaglione composto da 4 compagnie più tardi riorganizzate in 3 *SS-Jagdeinsätze*: *'Russland'*, *'Polen'* e *'Ostland'*. Nell'agosto 1944, gli fu ordinato di riportare verso le linee tedesche il *Kampfgruppe 'Scherhorn'*, forte di 2.000 uomini che errava per le foreste situate a nord di Minsk. Per questa operazione (nome in codice *'Freischütz'*), una ventina di uomini, ripartiti in 4 gruppi, furono paracadutati nei pressi di Borissow, Geveny, Dzerschinsk e Witejka. Ciascuno di questi gruppi comprendeva due tedeschi e tre russi. All'inizio del mese di settembre, quando i *commandos* brandeburghesi passarono sotto il controllo della *Waffen-SS*, fu stabilito il collegamento con il *Kampfgruppe*

Adrian von Fölkersam con l'uniforme dell'esercito e la Croce di Cavaliere al collo.

'Scherhorn'. Lo *Streifkorps 'Baltikum'* fu ribattezzato *SS-Jagdverband 'Ost'*. L'*SS-Hstuf.* von Fölkersam assicurò allora il rifornimento delle unità circondate. Nel mese di novembre, Scherhorn divise il suo gruppo in due colonne di marcia (di cui una comandata dall'*SS-Oberjunker* Linder, dell'*SS-Jagdverband 'Ost'*) e si diresse verso nord, in direzione della

Lituania. Le due colonne sparirono nella tormenta. Scherhorn, aiutato dai commando SS, riuscì comunque a percorrere 250 chilometri dietro le linee sovietiche.

SS-Ostuf. **Walter Girg.**

L'*SS-Jagdverband 'Ost'* organizzò inoltre un'importante operazione nei Carpazi: si trattava di bloccare i passi di Jablonika, Borgo, Tulghes, Ghymes e Oltoz per rallentare le truppe nemiche e di evitare così che le forze tedesche in Grecia e in Jugoslavia non fossero rimaste tagliate fuori dall'avanzata dei Sovietici, Bulgari e Rumeni verso l'Ungheria. Un centinaio di uomini, comandati dall'*SS-Ustuf.* Walter Girg, furono dunque paracadutati nei pressi dei passi, vestiti con uniformi rumene, ungheresi e con abiti civili. Le SS erano state divise in numerosi gruppi. Quello guidato dall'*SS-Ustuf.* Walter Girg riuscì a deviare delle unità nemiche dalla loro destinazione. Ma alla fine fu scoperto e catturato. I soldati SS furono tutti giustiziati. L'*SS-Ustuf.* Girg riuscì a sfuggire alla morte in modo miracoloso, mentre il resto dei suoi camerati finì ucciso. A piedi raggiunse le linee tedesche. Per questa azione, sarà decorato con la Croce di Cavaliere. Nel dicembre 1944, l'*SS-Jagdverband 'Ost'* ricevette l'ordine di stabilire il collegamento con i nazionalisti ucraini di Bandera che continuavano ad operare oltre le linee sovietiche. Questa missione (*Unternehmen 'Brauner Bär'*) fu assegnata all'*SS-Hstuf.* Kern e fu un successo. Kern raggiunse le linee tedesche nell'aprile 1945, perdendo solo cinque uomini nel corso dell'operazione.

Nel gennaio 1945, il comando dell'unità fu assegnato all'*SS-Stubaf.* Adrian von Fölkersam. L'unità era ora basata a Inowroclaw (*Hohensalza* in tedesco), a nord-est di Poznan (Posen). Essa fu impegnata per la difesa della città minacciata da due corpi di armata sovietici a partire dal 18 gennaio 1945. La situazione si rivelò subito difficile. Accerchiata, la *SS-Jagdverband 'Ost'* tentò una manovra di rottura nella notte tra il 21 e il 22 gennaio. Sugli ottocento uomini che presero parte ai combattimenti, solo quindici riuscirono a raggiungere infine Friedenthal una settimana più tardi. Adrian von Fölkersam figurava tra i numerosi caduti. Mentre il grosso della *Jagdverband* veniva annientato a Inowroclaw, Walter Girg, promosso *SS-Obersturmführer* dopo la sua azione nei Carpazi, ricevette la missione di effettuare una ricognizione per avvistare le avanguardie corazzate sovietiche in Pomerania e in Prussia Orientale e di identificare i loro obiettivi.

Accompagnato da dodici tedeschi e dodici russi, Girg raggiunse la Prussia Orientale via mare, si impadronì di due *T-34* ed iniziò un'odissea lunga 1.500 chilometri oltre le linee sovietiche, da Danzica a Kolberg. Qui, i *commandos* SS si unirono agli assediati, posti agli ordini dell'*SS-Obf.* Heinz Bertling. Quest'ultimo, scambiandoli per dei rinnegati, li giudicò colpevoli di tradimento ed ordinò la loro esecuzione. Fortunatamente per loro, Skorzeny riuscì ad incontrare Bertling e lo convinse che si trattava di suoi uomini.

SS-Sturmbannführer SKORZENY

Questa nuova azione, varrà a Walter Girg la promozione a *SS-Hauptsturmführer* e le Fronde di Quercia per la sua Croce di Cavaliere.

Nell'aprile 1945, ciò che restava della *Jagdverband 'Ost'*, passata agli ordini dell'*SS-Ostubaf*. Schrage-Bobet, fu inviata a rinforzare la difesa di Neustrelitz nel settore Oderberg-Angermünde. L'unità fu localizzata per l'ultima volta a Sachsenhausen/Nordbahn. Una compagnia fu distaccata all'*Heeresgruppe 'Mitte'*, per distruggere un ponte sul quale passavano i rifornimenti sovietici verso il settore di Breslau. Questa missione non influenzò comunque lo sviluppo delle operazioni in Slesia. La compagnia riuscì a ritornare nelle linee tedesche e combatté fino a maggio in Cecoslovacchia dove finì annientata.

SS-Jagdverband 'Nordwest'

L'*SS-Jäger-Bataillon 'Nordwest'* fu organizzato nell'ottobre 1944 a partire dallo *Streifkorps 'Nordfrankreich'* dei commandos del Brandenburgo. Esso comprendeva 4 compagnie e poi 8, quando fu ribattezzato *SS-Jagdverband 'Nordwest'* il mese successivo. C'erano 4 compagnie tedesche e 4 compagnie di legionari danesi, norvegesi, belgi e olandesi. Nel gennaio 1945, l'unità fu inviata a combattere sul fronte dell'Oder, sulla testa di ponte di Schwedt. Essa difese il settore di Niepperwiese dal 1° febbraio al 3 marzo. Posto in seguito nella riserva della *3.Panzerarmee*, l'unità sparì durante l'offensiva lanciata il 16 aprile dai Sovietici. I suoi comandanti erano stati gli *SS-Hstuf*. Hoyer e poi Dethier.

SS-Jagdverband 'Süd'

Unità di cui si conosce solo il nome del suo comandante, l'*SS-Stubaf*. Dr Otto Begus. Non è citata nell'ordine di battaglia del 4 ottobre 1944.

Note
[1] SS-FHA, Amt II Org.Abt.Ia/II Tgb.Nr.3473/44 g.Kdos

[2] Un altopiano situato tra la Vallonia, in Belgio e i land tedeschi di Renania-Palatinato e Renania Settentrionale-Vestfalia.

Bibliografia
Charles Trang, "*Dictionnaire de la Waffen-SS, vol. IV*", Edizioni Heimdal
Massimiliano Afiero, "*Waffen-SS in guerra, volume IV: battaglie e campagne dimenticate*", Associazione Culturale Ritterkreuz
Jean-Paul Pallud, "*Ardennes 1944 Peiper & Skorzeny*", Serie Elite, Osprey Pyblishing
Craig W. H. Luther, Hugh Page Taylor, "*For Germany: the Otto Skorzeny memoirs*", R.James Bender Publishing

Waffen-Hauptsturmführer Miervaldis Adamsons

di Cesare Veronesi

Miervaldis Adamsons, primo a destra, con l'uniforme dell'esercito nazionale lettone.

Membri di un battaglione di polizia lettone, durante un'operazione antipartigiana, marzo 1943.

Miervaldis Adamsons nacque il 29 giugno 1910 a Poltava, in Russia, da una famiglia di origine lettone. Nel 1920, la sua famiglia decise di ritornare in Lettonia e si trasferì a Cēsis, dove Miervaldis si diplomò nel locale ginnasio. Nel 1928, Miervaldis iniziò gli studi in teologia all'Università di Riga. In questo periodo divenne membro della più antica confraternita studentesca lettone, chiamata 'Lettonia'. Nel 1929 però, lasciò gli studi per entrare nella Marina Mercantile. Durante i suoi viaggi visitò l'Africa e l'America Meridionale, tuttavia a causa del suo carattere cupo e della sua inclinazione a mettersi sempre nei guai, dopo un contrasto con il capitano della nave, sbarcò nel 1930 a Marsiglia, in Francia. Qui si arruolò nella Legione Straniera firmando un contratto di sei anni. Servì in Marocco nei reparti di cavalleria e fu più volte decorato per il suo coraggio, tale da meritarsi il soprannome di 'Terrore marocchino' e la promozione a sottufficiale. Terminato il suo servizio nella Legione Straniera ritornò in Lettonia e nel 1937, si arruolò nell'esercito lettone servendo come ufficiale nell'8° reggimento di fanteria 'Daugavpils'.

In guerra

In seguito all'occupazione sovietica del paese nel 1940, l'esercito lettone fu disciolto. Come molti dei suoi connazionali, Ādamsons si nascose tra le foreste della sua regione per sfuggire alla cattura ed alla deportazione. Quando le forze tedesche invasero la Lettonia nell'estate del 1941, Ādamsons guidava un'unità partigiana anticomunista nella regione di Vidzeme, che fu subito coinvolta in combattimenti contro le unità sovietiche che battevano in ritirata. Subito dopo, si arruolò volontario nel *Lettische Polizei Front Bataillon 26 Tukums*, dislocato dal giugno 1942 nella regione di Minsk ed impegnato contro le formazioni partigiane sovietiche. Nel febbraio 1943, Ādamsons mentre guidava una pattuglia sulla superficie gelata del lago Ilmen, tra le linee sovietiche, riuscì a distruggere un deposito di munizioni nemico e a catturare un ufficiale sovietico.

Postazione difensiva della Brigata SS lettone, con una *MG-34* su treppiede, sul fronte di Leningrado, primavera 1943.

Volontari lettoni su una postazione difensiva.

Il 26 marzo 1943, fu decorato con la Croce di Ferro di Seconda Classe. Nell'aprile 1943, Ādamsons serviva nel *II.Bataillon* della Brigata Lettone sul fronte di Leningrado, impegnato sul fronte del Volchov. Durante i duri combattimenti, rimase gravemente ferito alla testa e ad un occhio. Il 15 settembre 1943, fu decorato con il Distintivo per Feriti in Nero e il 21 settembre 1943, con la Croce di Ferro di Prima Classe.

La Croce di Cavaliere

Dopo un periodo di convalescenza, fu posto al comando della *6.Kp./Waffen-Grenadier-*

Regiment der SS 44 della *19.Waffen-Grenadier-Division der SS (lettische Nr.2)*, formata con gli elementi della Brigata SS lettone. Rimase ancora ferito in combattimento nell'agosto 1944, poco prima di essere promosso al grado di *Hauptsturmführer* nel settembre 1944. Sempre nell'estate del 1944, precisamente il 25 agosto 1944, fu decorato con la Spilla per i combattimenti corpo a corpo in Bronzo. Ritornato al fronte, partecipò con la sua unità ai combattimenti nella sacca di Curlandia nel dicembre 1944, restando nuovamente gravemente ferito , lamentando la perdita parziale della vista. La sua compagnia, in una sola giornata, respinse ben sette attacchi sovietici ed alla fine della battaglia, i corpi di quattrocento soldati sovietici giacevano davanti alle posizioni lettoni. I combattimenti furono durissimi e intere unità sovietiche furono annientate. Per il valore dimostrato in battaglia, Adamsons fu decorato con la Croce di Cavaliere il 25 gennaio 1945. Leggiamo la proposta per il conferimento della *Ritterkreuz*, scritta il 2 gennaio 1945, dall'*SS-Gruf*. Bruno Streckenbach, comandante della *19.SS*:

Waffen-Ostuf. **Miervaldis Adamsons, estate 1944.**

Un cannone d'assalto con livrea invernale, 1944.

"...Il 29.12.1944, la 6ª compagnia del Waffen-Gren.Rgt. d.SS-44 (Lett. N°6), *si trovava nel settore di Vanagi al comando del Waffen-Hstuf. Adamsons e nei combattimenti svoltisi nello stesso settore, si è distinta per il suo valore. Dopo ore e ore di fuoco tamburreggiante, i soldati nemici, con la forza di due reggimenti, si sono raggruppati e sono passati all'attacco per conquistare l'importante punto di appoggio di Vanagi. Nelle trentasei ore successive, il nemico ha portato tredici attacchi che sono stati respinti, dopo avergli inflitto pesantissime perdite. Nel pomeriggio con cinque* Sturmgeschütze *e circa duecento uomini al comando del* Waffen-Hstuf. *Adamsons è stato lanciato un contrattacco. L'anima della resistenza nel punto di appoggio di Vanagi, è stato il* Waffen-Hstuf. *Adamsons, che in questo frangente è rimasto ferito per la seconda volta in combattimento. E' rimasto però sulla sua posizione e ha continuato a spronare i suoi uomini a combattere. Gli* Sturmgeschütze *sono tornati così in avanti, con i loro valorosi equipaggi, per andare in aiuto al punto di appoggio. Una volta giunti sulla posizione, hanno riferito che non ci sarebbe arrivato più nessun rinforzo e che gli uomini avrebbero dovuto sopportare la grandine delle salve dell'artiglieria e dei cannoni nemici. Numerosi atti di eroismo e azioni valorose sono state compiute qui, solo da pochi uomini contro un nemico molto superiore.*

Postazione difensiva in Curlandia con un mortaio.

Postazione difensiva lettone sul fronte di Curlandia.

Grazie alla sua determinazione ed alla sua ferrea volontà, il comandante della compagnia, il Waffen-Hstuf. Adamsons ha spronato gli uomini per portare a termine un impegno sovrumano. La perdita dell'importante punto di appoggio, che era la base per tutti i combattimenti difensivi futuri, avrebbe consentito al nemico di penetrare tra le nostre linee e ci avrebbe costretto ad effettuare un notevole arretramento della linea del fronte. Questa minaccia è stata sventata. Davanti al punto di appoggio di Vanagi, è stata distrutta una forza di fanteria russa pari ad una divisione, precludendo a questi uomini la possibilità di essere impegnati ancora in combattimento...".

Adamsons con la moglie Caterina.

La proposta fu caldeggiata anche dall'*SS-Ogruf.* Walter Krüger, comandante del *VI.SS-Frw. Armee-Korps*: "...*Di propria iniziativa, [Adamsons] si è portato in prima fila per sostenere l'attacco sebbene i reparti nemici fossero già penetrati su entrambi i lati del nostro schieramento difensivo. Particolarmente da ricordare è che quest'ufficiale lettone è rimasto ferito cinque volte in combattimento. Appoggio in modo particolare la proposta per il conferimento della Croce di Cavaliere per questo valoroso ufficiale lettone*".

La fine della guerra e la prigionia

Nella primavera del 1945, Ādamsons fu ricoverato in vari ospedali militari in Curlandia. Durante gli ultimi giorni durante i combattimenti nella sacca di Curlandia, alcuni suoi camerati gli offrirono un posto su una barca per fuggire in Svezia, come stavano facendo numerosi soldati e civili lettoni, ma Adamsons si rifiutò di lasciare la Lettonia. Nel maggio del 1945, ancora ricoverato in un ospedale, fu catturato dai Sovietici. Dopo aver dichiarato di essere un soldato tedesco, fu inviato in un campo di prigionia a Šiauliai per poi essere impegnato come lavoratore 'forzato' nelle miniere di Nickel a Murmansk. Dopo alcuni mesi, insieme ad altri ufficiali tedeschi tentò di fuggire in Finlandia, durante l'inverno 1945/1946. Fu però catturato nei pressi del confine finlandese. Nel maggio 1946, dopo essere stata accertata la sua nazionalità lettone, fu condannato a morte come traditore. Miervaldis Adamsons venne fucilato a Riga il 23 agosto 1946. Nel 1993, Adamsons è stato completamente scagionato da ogni imputazione dalla suprema corte lettone.

Decorazioni
Croce di Ferro di Seconda Classe: 26 marzo 1943
Distintivo per Feriti in Nero: 15 settembre 1943
Croce di Ferro di Prima Classe: 21 settembre 1943
Distintivo per Feriti in Argento: 12 aprile 1944
Spilla per combattimento corpo a corpo: 25 agosto 1944
Distintivo per feriti in Oro: 1° settembre 1944
Distintivo per gli Assalti di Fanteria: 14 ottobre 1944
Croce di Cavaliere: 25 gennaio 1945.

Bibliografia
Veit Scherzer, "*Die Ritterkreuzträger 1939–1945*"
Arthur Silgailis, "*Latvian Legion*", J. Bender Publishing
Hans Stober, "*Die lettischen divisionen im VI SS-Armeekorps*"

"Solo quei forti scesero, onta ai fratelli, in campo"
1ª Legione d'Assalto "Tagliamento" 1943 – 1945
di Paolo Crippa

Il labaro della LXIII Legione *"Tagliamento"* della MVSN, da cui trasse origine la 1ª Legione M d'Assalto *"Tagliamento"* dopo l'8 settembre 1943.

Due Camicie Nere della *"Tagliamento"* della Repubblica Sociale Italiana (*Pisanò*).

Nell'estate del 1941, il LXIII Battaglione M *"Tagliamento"* della Milizia Volontaria Sicurezza Nazionale, fu inviato in Unione Sovietica, inquadrato nella 3ª Divisione *"Celere"*, per partecipare all'offensiva italo – tedesca. Dopo aver combattuto sul Dnjeper, nel gennaio 1943, fu coinvolto nella massiccia offensiva sovietica e fu travolto con tutta l'A.R.M.I.R. nel corso dell'operazione *"Saturno"*, venendo decimato negli organici. Rientrato in Italia, il Battaglione fu ricostituito ed inserito nella costituenda 1ª Divisione Corazzata legionaria "M" nell'estate dello stesso anno. Dopo l'arresto di Mussolini il 25 luglio, la Divisione, passata sotto il controllo del Regio Esercito e messa di fatto in "stato d'attesa", mutò denominazione in 136ª Divisione Corazzata *"Centauro II"*. L'Armistizio vide la Divisione lontana dagli scontri succeduti in quelle calde giornate e, dopo pochi giorni, i Tedeschi si riappropriarono degli armamenti che avevano ceduto all'unità italiana, senza colpo ferire. In quelle convulse giornate il LXIII Battaglione M, composto perlopiù da uomini provenienti dall'Italia centrale e dalle regioni del Nord-Est, abbandonata la Divisione *"Centauro"*, si unì al Battaglione Allievi Ufficiali di Ostia ed al XVI battaglione "M", dando vita al nucleo di quella che sarebbe diventata la *"Legione Tagliamento"*. I legionari entrarono a far parte della 2ª Divisione Paracadutisti tedesca e, per questo motivo, dovettero prestare il giuramento militare tedesco. Con la costituzione della Repubblica Sociale Italiana (23 settembre 1943), l'unità assunse la denominazione di 1ª Divisione d'Assalto M " *Tagliamento"*, inquadrata successivamente

Bandiera della 1ª Legione M d'Assalto "*Tagliamento*" (Pisanò).

nella Guardia Nazionale Repubblicana, comandata dal Primo Seniore (poi Tenente Colonnello) Merìco Zuccàri. Da quel momento la Legione Tagliamento venne addestrata ed armata con il preciso scopo di effettuare operazioni antipartigiane e fu impiegata sulle montagne appenniniche in operazioni di rastrellamento degli ex prigionieri angloamericani fuggiti dai campi di concentramento. L'originaria "*Tagliamento*" fu sciolta il 23 Novembre e, fino al giorno 30 novembre, il LXIII Battaglione rimase ad Ardea, per l'addestramento alla controguerriglia. A quella data, in virtù delle buone prove fornite prima dell'Armistizio, il Comando Generale della G.N.R. autorizzò la ricostituzione della Legione "*Tagliamento*", che fu inviata in provincia di Brescia. Qui, aveva sede a Chiari da dove, la mattina del 10 dicembre, la 1ª Compagnia partì per effettuare un rastrellamento sul monte *Darfo*, dove si stava organizzando un forte gruppo di partigiani ben armati. La reazione dei partigiani fu forte, vennero uccisi due militi e ferito il comandante della Compagnia, ma il nucleo partigiano fu praticamente annientato. Il 19 dicembre 1943, giunse l'ordine di trasferimento nel Vercellese, poiché la situazione stava peggiorando soprattutto in Valsesia. Il Battaglione si trasferì perciò da Chiari a Vercelli, dove venne acquartierato nella caserma "*Conte di Torino*", subito ribattezzata "*Tagliamento*". Il giorno successivo il Battaglione si trasferì a Borgosesia, al centro della zona dove i partigiani di Moscatelli avevano iniziato la propria attività ed erano riusciti ad eliminare buona parte dei Carabinieri della locale Stazione.

La Legione attuò una politica repressiva particolarmente violenta: furono emanati bandi, che minacciavano la fucilazione di dieci ostaggi per ogni soldato repubblicano o tedesco ucciso. La minaccia viene attuata la prima volta proprio a Borgosesia già il 22 dicembre, a seguito dell'uccisione il giorno precedente di due militi della Legione.

La sera della Vigilia di Natale 1943, la 1ª Compagnia andò a presidiare l'abitato di Crocemosso Santa Maria, istituendo postazioni sui monti di Vallemosso, da subito fatte segno di attacchi partigiani. Il 31 dicembre la Legione scatenò un'operazione di rastrellamento, risalendo in forza la Valsesia, scontrandosi più volte con i partigiani del comandante Moscatelli e subendo gravi perdite. Le operazioni antiguerriglia in Valsesia proseguirono per tutto il mese di gennaio, con lo scopo di "ripulire" tutta la valle dalle unità partigiane, mettendo in campo tutte le forze disponibili ed utilizzando persino un treno armato. Alla fine del gennaio del 1944 giunse da Roma il Battaglione "*Camilluccia*", formato esclusivamente da volontari, che divenne il II Battaglione della Legione.

Carro armato L3/38 della "*Tagliamento*" in Valsesia nella primavera del 1944. La Legione ebbe 3 di questi piccoli carri fino alla partenza per le Marche (*Borgatti*).

Foto di gruppo di un reparto della Legione "*Tagliamento*" al termine di un rastrellamento in Valsesia nell'aprile 1944. Molti militi sono armati di mitra *Sten*, catturati da aviolanci alleati destinati ai partigiani (*Pisanò*).

In Valsesia la guerra civile mostrò il suo lato più crudele e gli scontri con i partigiani proseguirono senza sosta per tutta la primavera: i legionari della "*Tagliamento*" si trovarono a fronteggiare imboscate, attacchi ai presidi, agguati, rispondendo con rappresaglie a volte cruente, che si conclusero anche con l'uccisione di civili e con l'incendio di abitazioni. La legione rimase nel Vercellese - Biellese fino a tutto il maggio 1944 ed a fine mese giunse l'ordine di un nuovo trasferimento, questa volta nelle Marche, sull'Appennino tosco-marchigiano: il 4 giugno 1944, dopo aver sfilato di fronte al Comandante della G.N.R. Renato Ricci, la *"Tagliamento"* partì per la nuova zona di operazioni.

Legionari della "Tagliamento" sfilano per le vie di Vercelli.

Il gagliardetto del I Battaglione della "Legione *"Tagliamento"* con il motto *"Seguitemi!"* a Vercelli nel giugno 1944 (*Pisanò*).

Il Comando si dislocò a Sasso Corvaro (PU), quella di Pesaro, per coadiuvare lo schieramento tedesco in quel tratto di Linea Gotica. I Battaglioni fornirono sicurezza ai Pionieri del Genio, intenti alla costruzione della "Linea Verde" che doveva essere una parte della linea Gotica, operando tra la provincia di Arezzo e Pesaro. Nella circostanza emersero frizioni con i Comandi Tedeschi nella conduzione della repressione antipartigiana e anche con le organizzazioni di lavoro coatto (Todt e Organizzazione Paladino) nella ricerca dei renitenti alla leva repubblichina. Si trattò comunque di un periodo di relativa calma, se paragonato a quello, molto teso, passato in

Valsesia. Alla fine di agosto, quando ormai le unità tedesche in arretramento iniziavano a stabilirsi sulla "*Linea Verde*", la Legione "*Tagliamento*" fu trasferita nel vicentino, occupando i paesi di Torrebelvicino, Staro, Recoaro Terme e San Vito di Leguzzano.

Militi della Legione di ritorno da un'azione a bordo di autocarri FIAT 666, probabilmente in Valsesia (*Crippa*).

Padre Antonio Intreccialagli, cappellano della "*Tagliamento*".

La "*Tagliamento*" partecipò come unità mobile, accanto a reparti Ucraini, a tutte le operazioni di rastrellamento in provincia di Vicenza, sulla Piana di Schio, a Thiene, sull'Altopiano di Asiago e sull'Ortigara. Il 10 Agosto, i reparti della Legione furono così dislocati: il Comando del LXIII Battaglione a Recoaro, la 3ª Compagnia a Staro, il comando del I Battaglione "*Camilluccia*" e la 4ª Compagnia a Valli di Pasubio, la 5ª Compagnia a San Vito di Leguzzano. A Torrebelvicino fu dislocato l'U.P.I. (Ufficio Politico Investigativo), che divenne purtroppo in breve tempo tristemente famoso per le atroci torture a cui sottopose non solo i partigiani catturati con le armi, ma qualsiasi persona che, lungo una catena di delazioni, veniva sospettata di essere un pericolo per la formazione. Il Colonnello Zuccari emise un comunicato in cui precisava: "*L'U.P.I. è alle dirette ed esclusive dipendenze del Comandante la Legione che ne è il capo*". Di lì, nel settembre 1944, la "*Tagliamento*" si portò nell'alto Trevigiano, sul confine con l'alto Vicentino, dove verso la fine del mese scattò la più feroce e prolungata repressione antipartigiana nella

Giovani mascotte della Legione (*Pisanò*).

zona del Monte Grappa, che causò quasi 500 vittime. A Bassano ci fu una crudele azione dimostrativa: il 26 settembre 31 ribelli vennero impiccati agli alberi dei bastioni nord della città ed i loro cadaveri furono lasciati esposti per quattro giorni. Il 28 ottobre, la Legione si trasferì in Alta Val Camonica, dislocando presidi a Ponte di Legno, Temù, Vione, Vezza d'Oglio, Monno, Carteno e Malonno. Dopo aver effettuato operazioni in Alta Valle, il 5 novembre, l'intera Legione iniziò a spostarsi verso sud, per guarnire l'imbocco della Val Camonica, a protezione di importanti lavori di fortificazione: il Comando si dislocò a Pisogne, il I Battaglione tra Dario e Marone (con una Compagnia a Zone) ed il II Battaglione all'imbocco della Val Borlezza. A partire dal mese di novembre, la Legione prese parte ad azioni controguerriglia, in concerto con i presidi delle locali Brigate Nere.

Ufficiali della "*Tagliamento*" ed omologhi tedeschi durante una manifestazione (*Pisanò*).

Ma, dopo il Proclama Alexander, le formazioni partigiane avevano temporaneamente cessato quasi completamente ogni attività e quindi la "*Tagliamento*" fu impegnata in modo particolari in operazioni di polizia, volte a stanare i renitenti alla leva e gli agitatori politici. A fine anno, il Comando della "*Tagliamento*" stese una relazione riassuntiva delle operazioni in Valcamonica:

Un'altra foto scattata nella stessa occasione: al centro il colonnello Merico Zuccari, comandante della *Tagliamento*.

Militi della *Tagliamento* in partenza per un'azione (*Crippa*).

Un reparto della *Tagliamento* in marcia, 1944.

Perdite subite: Caduti: 2 ufficiali, 3 sottufficiali, 44 legionari; feriti: 8 ufficiali, 12 sottufficiali, 83 legionari.

Perdite inflitte: 750 prigionieri nemici catturati; 431 banditi uccisi; 401 banditi catturati; 136 favoreggiatori arrestati; 338 renitenti e disertori catturati.

Armi e Materiali catturati: 1 cannone da 47/32; 1 mortaio da 81 mm; 8 mitragliatrici di vario modello; 17 fucili mitragliatori italiani e stranieri; 275 moschetti Modello '91 e *Mauser*; 114 moschetti automatici; 19.000 cartucce per armi portatili; 1.033 bombe a mano; 7 quintali di esplosivi; 10 mine. Con l'arrivo della primavera del 1945, le bande partigiane si ricostituirono, armate anche da numerosi lanci alleati. Il Comando Tedesco valutò che il Mortirolo fosse il punto da attaccare, perché si trattava di una zona strategica, che metteva in comunicazione l'alta Valcamonica con la Valtellina e che da diverso tempo era diventato un nascondiglio sicuro per soldati americani fuggiti alla prigionia, disertori dell'esercito di Salò e partigiani delle Fiamme Verdi, che stavano concentrando in quella zona i propri reparti. All'inizio di febbraio del 1945, il generale

Mussolini visitò i reparti della *"Tagliamento"* nelle Marche il 6 agosto 1944 (*Arena*).

Il Duce si intrattiene a colloquio con un giovane legionario (*Archivio Pisanò*).

delle SS, Karl Heinz Bürger comandante della polizia tedesca nell'Italia Settentrionale – Est (Veneto e Lombardia Orientale) assegnò dunque il compito di attaccare il passo del Mortirolo alla Legione *"Tagliamento"*. Il Comando tedesco non rivelò che questa mossa, oltre alle motivazioni esposte poc'anzi, nascondeva l'intenzione delle forze tedesche di prendere pieno controllo della Statale 42 del Tonale e della Mendola, per assicurare una via di fuga alle truppe germaniche verso il Trentino, nel caso in cui la Statale 12 del Brennero fosse risultata impraticabile, in vista di un'eventuale ritirata. Il 22 febbraio, fu lanciata l'offensiva e le truppe di Zuccaro, con il supporto di pochi soldati tedeschi di una sezione di artiglieria, erano convinte di poter svolgere una rapida azione di annientamento.

In realtà i partigiani, avvertiti dei preparativi, poterono organizzarsi e reperire anche un cannoncino da campagna. Gli attaccanti furono perciò bloccati da un pesante fuoco di sbarramento e si ritirarono rimanendo impacciati nella neve; le divise invernali, dei militi della *"Tagliamento"* inoltre, erano di panno scuro e questo permise ai partigiani di bersagliarli con precisione. Il giorno successivo, i fascisti tornarono all'attacco, riuscendo ad avvicinarsi alle postazioni delle Fiamme Verdi, ma, non riuscendo a sfondare, dovettero nuovamente ripiegare, lasciando sul campo i corpi dei compagni morti e numerose armi e munizioni. Gli scontri si susseguirono fino al giorno 27, senza che la *"Tagliamento"* riuscisse a raggiungere ed occupare le posizioni tenute dalle Fiemme Verdi. Secondo dati forniti dai reduci della Legione, ben il 45% delle forze attaccanti venne ucciso o ferito. Ciò alzò il morale dei partigiani, che passarono all'attacco e il 28 febbraio attaccarono, senza successo, la caserma di Viezza D'Olio. Per tutto il mese di marzo, i legionari della *"Tagliamento"*, con il morale basso, si limitarono a presidiare il territorio, intercettando alcuni aviolanci alleati. Questo convinse il Comando della Legione che i partigiani potessero essere a corto di armi e munizioni, perché i rifornimenti erano stati catturati proprio dalla *"Tagliamento"* e quindi fu presa la decisione di lanciare un nuovo attacco al passo del Mortirolo.

Un legionario, armato con mitra STEN britannico sottratto ai partigiani, monta la guardia davanti ad un presidio della *"Tagliamento"* (Pisanò).

La mattina del 9 aprile il colonnello Zuccari ordinò l'avvio della cosiddetta *"Azione Mughetto"*: il LXIII Battaglione "M" iniziò a risalire la vallata, per portare nuovi attacchi alle forze partigiane asserragliate sul monte. L'azione fu supportata anche da 300 uomini del II Battaglione delle *Waffen SS* italiane dell'82º Reggimento Granatieri, al comando del maggiore Sergio Bianchi, provenienti da Como, e da due Compagnie della 5ª Brigata Nera Mobile Alpina *"Enrico Quagliata"*, comandata dal tenente colonnello Arturo Pellegrini. Nonostante vari attacchi, nessuno di questi riuscì a piegare le linee dei partigiani: fondamentale per la vittoria si rivelò la posizione predominante delle Fiamme Verdi, che erano arroccate in un sistema in trincee e fortificazioni sulla cima della montagna del Mortirolo risalenti alla Grande Guerra. Lo scontro più duro avvenne il 19 aprile: alle 6:00 di mattina gli obici tedeschi iniziarono a bombardare la sommità del passo dal fondovalle, concentrandosi su una cascina dove si riteneva fosse localizzato il comando partigiano, ed il bombardamento terminò all'incirca a mezzogiorno. Seguì quindi un attacco coordinato tra le forze della *"Tagliamento"* ed alcuni reparti della *Wehrmacht*, che cercavano di ritirarsi dalla Val Camonica. A nulla servirono il coraggio e l'ottimo comportamento degli attaccanti, poiché le posizioni erano site troppo in alto; giunta la sera, la *"Tagliamento"* ripiegò, costretta a lasciare pietosamente i feriti sul campo. Il 25 Aprile, fu scatenata l'insurrezione nazionale ed il generale Cadorna, comandante in capo del Corpo Volontari della Libertà, lanciò un ultimatum alle truppe della R.S.I., che venne fatto pervenire, per mezzo di un parroco, anche al Comando della *"Tagliamento"*.

A questa missiva il Comandante della Legione rispose il 27 aprile, tramite il parroco di Mouno: "*La Valle Camonica è destinata ormai a diventare un campo di battaglia. Le truppe tedesche non si arrendono. Se le 'Fiamme Verdi' non compiranno atti di ostilità contro la 'Tagliamento', detta Unità non agirà contro le 'Fiamme Verdi' stesse. Ad ogni azione di ostilità da parte delle 'Fiamme Verdi' saranno i paesi della Valle a subire rappresaglia*".

Il Comando partigiano rispose al colonnello Zuccaro in questi termini: "*Abbiamo ricevuto la sua risposta negativa alla nostra intimazione di resa. Intimazione fattale a nome del Comitato di Liberazione Nazionale per l'Alta Italia. Avevamo creduto di parlare da soldati italiani ad un soldato italiano, dal quale ci dividevano diversità di ideali e di concezioni politiche, ma al quale ci*

Un'altra foto di padre Intreccialagli in azione. Il sacerdote, armato di MAB, indossa un camiciotto mimetico realizzato con tessuto italiano M1929.

dovevano unire ancora i legami derivanti dall'aver tutti appartenuto ad uno stesso Esercito che un tempo aveva combattuto gli stessi nemici della nostra Patria. Ci siamo sbagliati. Lei, signor Merico Zuccari, non è più soldato e nemmeno un italiano, lei è un volgare e sanguinario capo al soldo dei nemici d'Italia. Cerchi pure di difendere i suoi padroni tedeschi, a minacciare e ad attuare rappresaglie contro le popolazioni innocenti. Nessun militare della 'Tagliamento' sfuggirà alla punizione che lo attende. Vi diamo una sola parola, e siate ben sicuri che la manterremo: noi 'Fiamme Verdi' della 'Tito Speri' vi giustizieremo tutti. Il Comandante Sandro". Nei giorni successivi, continuarono gli assalti, che non crearono però problemi ai partigiani, perché furono portati avanti per la maggior parte da sbandati in ritirata, che non accettavano di cedere. Il Comando diede l'ordine che i reparti della "*Tagliamento*" si dirigessero verso il Tonale, da dove dirigersi verso il Trentino; il Battaglione SS Italiane decise invece di convergere su Tirano. Da Edolo, dopo un giorno di sosta, la Legione giunse a Monno. Da lì il 29 aprile la "*Tagliamento*", unitamente ad aliquote della 5ª Brigata Nera Alpina Mobile ed agli elementi dei Presidi della GNR Territoriale, iniziò la marcia lungo la Strada Statale 42, in direzione del Passo del Tonale. Il 2 maggio, furono sparati gli ultimi colpi, mentre i reparti della 1ª Legione d'assalto "M" "*Tagliamento*" proseguirono in Trentino, dove si arresero al C.L.N. a Revò e a Fondo, in Trentino, il 5 maggio. Tre presidi isolati che non erano riusciti a raggiungere il grosso della Legione furono assaliti dai partigiani e i militi, per la maggior parte, uccisi come promesso dal comandante Sandro. Nella notte tra il 27 e il 28 aprile 1945 a Rovetta furono uccisi sommariamente 43 giovanissimi militi della 1ª Legione M d'Assalto "*Tagliamento*". Questi ragazzi si trovavano presidio presso la Cantoniera della Presolana, comandati dal Sottotenente Roberto Panzanelli e si erano incamminati armati lungo la valle, preceduti da una bandiera bianca portata da Alessandro Franceschetti, l'albergatore presso il quale i militi erano alloggiati, raggiunta Rovetta, decisero di deporre le armi e di consegnarsi al locale Comitato di Liberazione Nazionale. Il sottotenente Panzelli ignorava però che questo C.L.N. si era autoproclamato tale, non aveva poteri effettivi e quindi le garanzie promesse non avevano alcun valore. Il 28 aprile, giunse in paese un gruppo di partigiani composto da appartenenti alla 53ª Brigata Garibaldi "*Tredici Martiri*", alla Brigata "*Camozzi*" e alle Fiamme Verdi, che prelevarono i militi dalla scuola dove erano custoditi e li portarono presso il cimitero del paese. Il sottotenente Panzanelli tentò invano di far valere lo scritto in suo possesso con le garanzie sottoscritte, ma il foglio con le firme gli fu strappato di mano e calpestato. Giunti presso il cimitero, vennero organizzati due plotoni d'esecuzione e 43 dei prigionieri, di età compresa dai 15 ai 22 anni, vennero fucilati. Solo tre di loro furono risparmiati per la loro giovane età; scampò alla triste sorte anche il legionario Fernando Caciolo, che era riuscito a scappare durante la marcia di trasferimento al cimitero di Rovetta, trovando rifugio nella casa di un sacerdote.

Organigramma
- Compagnia Comando
- I (già LXIII) Battaglione M *"Tagliamento"*
  - Comando
  - Plotone Comando
  - 1ª Compagnia
  - 2ª Compagnia
  - 3ª Compagnia
- II Battaglione M *"Camilluccia"*
  - Comando
  - Plotone Comando
  - 4ª Compagnia
  - 5ª Compagnia
  - 6ª Compagnia
- Autoreparto
- Compagnia Armi di accompagnamento

Armamento
La Legione "Tagliamento" ebbe una dotazione di armi sufficiente a coprire le proprie necessità: moschetti '91, M.A.B., STEN catturati ai partigiani, fucili mitragliatori Breda 30, mitragliatrici pesanti MG-42, Mortai Brixia da 45mm, mortai da 81mm e 3 cannoni anticarro tedeschi PAK 37.

Automezzi
La "Tagliamento" disponeva di un discreto parco macchine: 6 autocarri Fross – Bussing, 12 autocarri Ford, 2 autovetture e 2 motociclette. Da alcune immagini d'epoca e secondo le testimonianze di alcuni reduci, la Legione ebbe anche almeno 2 autocarri FIAT 666 dotati di rimorchio.

Perdite
Nel corso dei circa due anni di vita della Legione, la "Tagliamento" lamentò 237 caduti ed oltre 300 feriti.

Bibliografia
Arena Nino, *"R.S.I. – Forze Armate della Repubblica Sociale – La guerra in Italia – 1943 – 1944 – 1945"*, Ermanno Albertelli Editore.
Crippa Paolo, *"I Reparti Corazzati della Repubblica Sociale Italiana 1943 -1945"*, Marvia Edizioni.
Crippa Paolo, *"I mezzi corazzati italiani della guerra civile 1943-1945"*, Mattioli 1885
Cucut Carlo, *"Le Forze Armate della R.S.I. 1943 – 1945 – Forze di terra"*, G.M.T., Trento, 2005.
Malatesta Leonardo, *"La Legione Tagliamento dal 1923 al 1945. La nascita, il suo impiego bellico nella Seconda guerra mondiale e la guerra civile"*, Centro Studi e Ricerche Storiche "*Silentes Loquimur*", Pordenone, 2012.

La 162. (Turk.) Infanterie-Division
di Danilo Morisco
Consulenza storico-militare di Pierluigi Romeo di Colloredo Mels

Membri della Legione Turkestana, primavera 1943.

Volontari turkestani impegnati in prima linea, 1942.

Volontari turkestani nell'esercito tedesco, 1943.

Nei primi mesi dell'Operazione *Barbarossa*, i Tedeschi dovettero sostenere un enorme afflusso di prigionieri di guerra, sembra fino a 5,7 milioni di uomini, in larga parte musulmani. Di questi, ne morirono nei campi o per malattia circa tre milioni, oltre a coloro che furono uccisi solo per motivi razziali. Coloro che avevano fattezze "mediterranee" o "mongoliche", considerati come "portatori di Bolscevismo", furono particolarmente colpiti all'inizio dell'occupazione. Sembra che solo il 6% dei prigionieri turkmeni sopravvisse alla prigionia nella seconda metà del 1941. Tuttavia, tra l'ottobre e il novembre di quell'anno, vennero formate le prime unità volontarie turco-tatare e caucasiche, costituite principalmente da ex-prigionieri. Oltre a coprire le pesanti perdite subite dalla *Wehrmacht* sul fronte orientale, i soldati prigionieri, specialmente turkestani, avrebbero potuto favorire l'intenzione di Hitler di far entrare in guerra la Turchia al fianco della Germania. Oltre a ciò, furono costituiti a Berlino diversi comitati nazionali, soprattutto ad opera di emigrati dal Turkestan Russo e dalla Russia occidentale (Ucraina e Crimea), i cui compiti principali erano provvedere alla propaganda e alle attività di intelligence. Nel Comitato d'Unità Nazionale del Turkestan (Millî *Türkistan Birligi Komitesi*) ad esempio, su dodici sezioni, cinque erano preposte alla propaganda (riviste, giornali, radio). Già all'inizio del 1942, si erano aggregati alle Forze tedesche 53.000 Cosacchi (*Kosaken-Kavallerie-Korps*), 310.000 Russi, 250.000 Ucraini, 5.000 Calmucchi, 180.000 Turkestani, 110.000 Caucasici, 40.000 Tatari del Volga e 20.000 tatari di Crimea, per un totale di 968.000 uomini.

Russia, 1943: ufficiali superiori tedeschi, con il generale Hellmich al centro, durante un'ispezione ad un battaglione di fanteria della Legione Turkestana.

Nel febbraio del 1942, per coordinare organicamente le formazioni di volontari caucasici e turco-tatari che si andavano costituendo, sorse lo Stato Maggiore delle Legioni Orientali (*Ostlegionen*), sei legioni costituite da diversi *Ostbatallionen* (Battaglioni orientali): la *Turkestanische Legion*, che inquadrava anche volontari di altre etnie (26 battaglioni); la *Aserbeidschanische Legion* (14), di cui facevano parte il *II./Sonderverband Bergmann*, lo *SS-Waffengruppe Aserbeidschan*, il *Waffengruppe Aserbeidschan* e il *II./Feiwilligen-Stamm Regiment*; la *Nordkaukasische Legion* (9 battaglioni), formata da legionari appartenenti a una trentina di etnie; la *Wolgatatarische Legion* (7/8) formata da Bashkiri, Ciuvasci, Udmurti, Mari e Mordvini; la *Kaukasischer Mohammedaner-Legion* (8), formata da Azeri, Daghestani, Ceceni, Ingusceti e Lezghini; infine, costituite ambedue di elementi cristiani, la *Georgische Legion* (12) e la *Armenische Legion* (12).

Un Mullah, un uomo di religione musulmana, della Legione Turkestana.

Come gran parte delle *Ostlegionen*, tuttavia, gli ufficiali comandanti erano in maggioranza tedeschi e, benché le fonti siano discordi a riguardo, sembra che solo 87 dei circa 180.000 volontari turkestani fossero ufficiali e 23 di questi, erano parte del comitato nazionale.

Sempre all'inizio del 1942, presso la *Sicherungsdivision* 444 si costituì un reggimento turco-tataro che sarebbe entrato in azione successivamente, tra la foce del Dniepr e la Crimea, come *Türk-Batallion* 444.

Un altro gruppo di soldati dell'Armata Rossa originari dell'Asia Centrale, dopo essere passato ai Tedeschi, diede vita a quell'unità che nel 1942, sarebbe diventata il 450º *Infanteriebataillon*, formato a Legionovo (Polonia), specializzato nella guerra antipartigiana. Nel maggio del 1943, l'*Oberkommando des Heeres* decise di riunire in un'unica unità le *Ostlegionen*[1]. Il personale di truppa proveniva dalle seguenti unità: *Armenische Legion*, *Aserbaidschanische Legion*, *Georgische Legion*, *Nordkaukasische Legion*, *Turkestanische Legion* e *Wolgatatarische Legion*.

Volontari turkestani durante l'addestramento sul fronte dell'Est, 1943.

La *Turkestanische Legion* fu mobilitata nel maggio del 1942 ed era originariamente composta da un battaglione, nel 1943 da 15 e in ultimo, alla fine dal 1944, da 26, principalmente integrati dunque come battaglioni indipendenti nelle divisioni tedesche.

Sfilata di reparti di un battaglione di fanteria della Legione Turkestana, 1943.

Volontari turkestani con un pezzo anticarro.

Volontari turkestani, con la bandiera della Legione.

La 162. (Turk.) Infanterie-Division

Il 21 marzo 1943, la nuova divisione fu costituita a Neuhammer, Slesia (oggi Świętoszów, Polonia), nel *Generalgouvernement*, dallo *Stab* della disciolta 162 *Infanterie-Division*, fino ad allora impiegato come *Führungsstab* delle *Turkestanische Legion*, *Aserbaidschanische Legion* e *Georgische Legion*. I comandi furono costituiti dagli ufficiali della vecchia 162ª, distrutta dai Sovietici a Kalinin nel gennaio del 1942. L'unità ricevette la denominazione di *162.(Turkmenische) Infanterie-Division*, dopo che la vecchia *162.Infanterie-Division* che aveva combattuto sul fronte orientale durante il 1941, era stata sciolta dopo aver subito enormi perdite; gli ufficiali e i sottufficiali appartenenti alla 'vecchia' 162., confluirono nella nuova divisione, che risultò quindi composta da truppe di origine caucasica e da ufficiali e sottufficiali tedeschi.

Il generale Oskar Ritter von Niedermayer.

Volontari turkestani si addestrano con un mortaio.

Il comando della nuova *162.*, venne affidato al generale Oskar Ritter von Niedermayer, profondo conoscitore della mentalità e della lingua turca. Niedermayer è stato considerato da molti storici, una sorta di Lawrence d'Arabia tedesco: nel 1912, aveva condotto un viaggio esplorativo in Persia e, tra il 1915 e il 1916, compì insieme all'orientalista Otto von Hentig (1886-1984), una missione in Afghanistan per convincere l'emiro Habibullah Khan (r. 1901-1919) a schierarsi con gli Imperi Centrali, viste le simpatie dell'emiro per l'Impero Ottomano e il Panislamismo, per poi dare così il via ad una rivolta antibritannica in India. In seguito, fallito tale obbiettivo, verso la metà del 1916, gli fu ordinato di lasciare l'Afghanistan per la Turchia, dove insieme ad altri ufficiali tedeschi, come Liman von Sanders, svolse l'incarico di ufficiale di collegamento e consigliere presso lo Stato Maggiore ottomano. Con l'apertura del Fronte orientale nel 1941, il generale Niedermayer tornò nuovamente utile alle forze armate tedesche: l'OKW pensò bene di sfruttare la sua conoscenza dei popoli turchi per organizzare delle *Ostlegionen* ed infine gli venne affidato il comando della 162. *Turkmenische-Division*. Il 21 marzo 1943, la divisione fu ufficialmente costituita in Polonia; gli ufficiali provenienti dall'originaria *162. Division* iniziarono l'addestramento dell'unità, dopo che il generale Niedermayer aveva preso la decisione di addestrare le truppe caucasiche partendo da zero, giudicando del tutto insufficiente il livello di preparazione iniziale dei volontari: l'ufficiale tedesco lamentava soprattutto la scarsa disciplina della truppa. Alla fine di maggio del 1943, la nuova unità fu trasferita a Neuhammer, dove proseguì il periodo di addestramento. La *162.* aveva degli Imam che fungevano da "cappellani" militari, incaricati di diffondere i messaggio politici e legittimare la causa anti-bolscevica. La stessa bandiera della Legione era ispirata alla bandiera rossa e blu della Repubblica Autonoma di Kokand del 1920, con al centro un arco e una freccia.

Un gruppo di volontari turkestani durante una seduta di addestramento, 1943.

Volontario turkestano, 1943.

Vennero fatti anche dei tentativi per usare il turco comune d'Asia Centrale (turkî o ciagataico), di cui von Niedermayer era profondo conoscitore, come lingua di comunicazione, insieme al tedesco. La divisione fu così organizzata:

Infanterie-Regiment 303 (*Oberstleutnant* Christiani)
Infanterie-Regiment 314 (*Oberstleutnant* Pohle)
Infanterie-Regiment 329 (dal 15/08/1944)
Divisions-Bataillon 162 (*Major* Kaminsky)
Artillerie-Regiment 236 (*Oberstleutnant* von le Fort)
Pionier-Bataillon 936 (*Hauptmann* Weidlich)
Panzerjäger-Abteilung 236 (*Hauptmann* Kiesler)
Aufklärungs-Abteilung 236 (*Rittmeister* Meyer)
Infanterie-Divisions-Nachrichten-Abteilung 236 (*Hauptmann* Neuber)
Nachschubtruppen 936

Fronte dell'OZAK

Terminato l'addestramento, tenendo fede alla politica di non schierare volontari provenienti dall'Armata Rossa sul fronte orientale, la divisione fu inizialmente inviata in Slovenia, dove rimase in attesa di ordini per qualche settimana. Poi, verso la fine di agosto, in vista

The Axis Forces

Sergente della *Turkestanische Legion*. Notare lo scudo ovale con la scritta 'BIZ ALLA BILEN', traducibile in *'Dio è con Noi'*, introdotto fin dal 1942.

L'insegna della *162.(Turk.) Inf.-Division*.

dell'occupazione dell'Italia in seguito alla caduta del governo Mussolini, fu trasferita in Italia Settentrionale (*Oberitalien*), alle dipendenze del *II.SS-Panzer-Korps*, a sua volta a disposizione dello *Heeresgruppe B* (HG B). I reparti turkestani furono quindi trasferiti nella zona di Udine, dove furono riequipaggiati in via temporanea con materiali e armi di preda bellica di provenienza italiana. Il 29 settembre, il *II.SS-Pz.Korps* assegnò alla *162.(turk.)Inf.Div.* la zona di sicurezza compresa tra il Tagliamento e la linea Monfalcone-Vipacco-Zolla-Idria-Ziri. Nello stesso tempo, furono subordinate alla divisione tutte le forze presenti nell'area di competenza, inclusi reparti dell'*SS-Karstwehr-Btl.* e della *2.Kroatische Legion*. A partire dal 5 ottobre, elementi della *162.(turk.)Inf.Div.*, in particolare l'*Inf.Rgt.314* dell'*Oberstleuntant* Pohle, furono impegnati nell'operazione anti-partigiana *'Felix'*, condotta nella valle del Natisone, da Cividale a Tiglio. I reparti turkestani furono impegnati soprattutto per essere addestrati alle tattiche della controguerriglia ed il bilancio fu positivo, con 88 partigiani caduti e 78 prigionieri.

A partire dal 6 ottobre, in vista di nuova vasta operazione di rastrellamento (operazione *Wolkenbruch*), la maggior parte dei reparti della *162.(turk.)Inf.Div.*, furono trasferiti nell'area ad est di Lubiana e in quella ad ovest di Zagabria. Gli elementi che restarono nella zona di Udine, andarono a formare il *Sicherungsgruppe von le Fort*, agli ordini del comandante dell'*Art.Rgt.236*, l'*Oberst* Baron von le Fort. I compiti del gruppo di sicurezza riguardavano soprattutto la protezione delle linee ferroviarie Udine-Tarvisio e Gorizia-Piedicolle. L'operazione *Wolkenbruch* iniziò ufficialmente il 21 ottobre e si conclude l'11 novembre 1943, suddivisa in quattro fasi principali. L'obiettivo era quello di eliminare le forze partigiane comuniste nell'area compresa tra la Slovenia e la Croazia. La *162.(turk.)Inf.Div.*, con il comando a Rajhenburg, a nord di Brestanica, fu schierata all'inizio dell'operazione sulla linea: confine del *Reich*, dal fiume Mirna a Kostanjevica-Samobor-Karlovac. L'operazione si risolse con un successo, le brigate partigiane di nuova formazione subirono pesanti perdite e molte dovettero essere disciolte. Tuttavia, il rapido trasferimento su altri fronti delle divisioni tedesche, lasciò ancora una volta ampie aree ai partigiani, per cui fu necessario effettuare nuove operazioni per mantenere il controllo del territorio. Dal 15 novembre, i reparti della divisione impegnati in Slovenia, furono trasferiti nuovamente in Friuli e nel Goriziano.

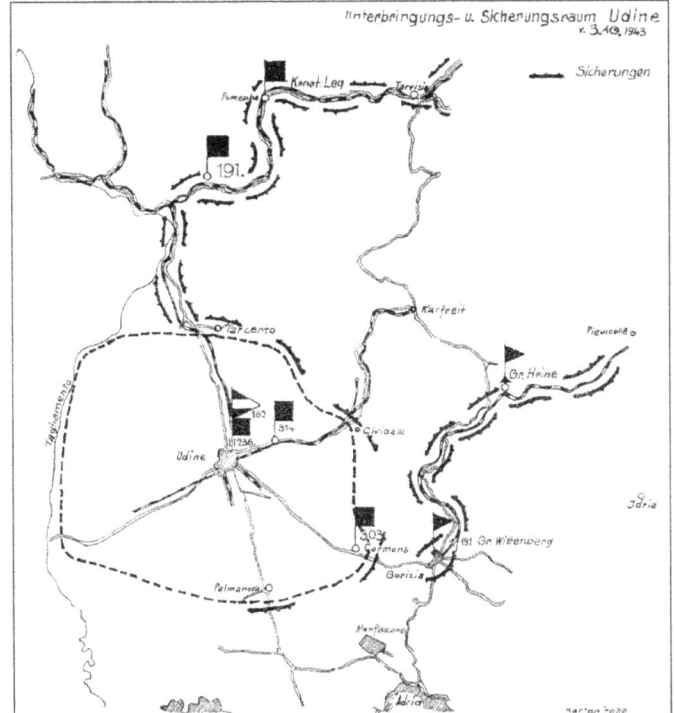

A sinistra, la zona operativa della *162.(turk.)Inf.Div.* nell'area di Udine nell'ottobre 1943. A destra, un volontario del Turkistan, autunno 1943.

Elementi della *162.(turk.)Inf.Div.* impegnati in un rastrellamento, autunno 1943.

Il comando della *162.* si insediò a Monfalcone e ad essa fu nuovamente subordinato il *Sich.Gruppe von le Fort*, che continuò ad essere impegnato nei suoi compiti di sicurezza.

Reparti turkestani in marcia, 1943.

Soldato turkestano della *162.(turk.)Inf.Div.*

Tra il 16 e il 20 novembre, la divisione fu impegnata in una nuova serie di operazioni antipartigiane. All'inizio di dicembre, gran parte dei reparti della *162.(turk.)Inf.Div.* dislocati nel Friuli meridionale e nel Goriziano, furono trasferiti nella provincia di Lubiana, dove l'attività delle bande partigiane si era nuovamente intensificata. In particolare i reparti si acquartierarono nell'area tra le località di Planina (dove si insediò lo stato maggiore divisionale) e Kočevje.

La battaglia per Kočevje

A Kočevje, a sud-est di Lubiana, c'era una guarnigione composta da 200-300 uomini, poliziotti della *2.Kp./SS-Polizei-Regiment 19* e *Domobranci* della Guardia Nazionale Slovena, agli ordini dell'*Hauptmann der Schutzpolizei* Fridolin Guth. Nel corso della notte del 9 dicembre 1943, tre brigate slovene partigiane della 14ª divisione, agli ordini di Mirko Bračic, attaccarono la città, con l'appoggio di fuoco di artiglieria e mortai. I partigiani riuscirono a distruggere la locale miniera e a conquistare la maggior parte degli edifici pubblici. Tuttavia, il grosso della guarnigione riuscì a ritirarsi nel vecchio castello di Auersperg, al centro della città, resistendo agli attacchi dei partigiani. Il comando tedesco a Lubiana fu subito allertato e organizzò una forza di rilievo. Il 10 dicembre, l'*Infanterie-Regiment 314* della *162.(turk.)Inf.Div.*, le altre compagnie dell'*SS-Polizei-Regiment 19* e la *13.(verst.)Pol.Pz.Kp.*, furono inviati in soccorso della guarnigione di Kočevje.

Il Generale von Niedermayer, con cappotto e *Feldmütze*, con altri ufficiali e soldati della 162.(turk.)Inf.Div., durante la marcia su Kočevje.

Pionieri della 162. impegnati a rimuovere mine dalla strada, durante la marcia in direzione di Kočevje, dicembre 1943 (MNZS).

L'attacco fu appoggiato dall'alto dai bombardieri del *Kampfgeschwader 76*. Il generale von

Niedermayer guidò personalmente la colonna di rilievo.

Carri e soldati tedeschi penetrano dentro Kočevje, 12 dicembre 1943.

Kočevje, 12 dicembre 1943: l'*Hauptmann* Guth, sulla sinistra, stringe la mano al generale von Niedermayer, sulla destra, armato con una pistola mitragliatrice. Tra i due, si intravede l'*SS-Obergruppenführer* Erwin Rösener, *HSSPF Alpenland*.

Soldati turkmeni in addestramento, 1943.

Artiglieri della *162. (Turk.) Infanterie-Division.*

Ufficiali della *162.(Turk.)Inf.Div.* ad una cerimonia.

Dopo aver superato alcuni blocchi stradali durante la marcia, preparati da altre forze partigiane, la colonna raggiunse la città nel pomeriggio del 12 dicembre, trovando ancora i resti della guarnigione tedesco-slovena barricati nel vecchio castello. I reparti tedeschi ed in particolare quelli turkestani, furono impegnati in duri combattimenti per le strade della città, costringendo i partigiani a ritirarsi nelle foreste vicine. Alla fine dei combattimenti, si contarono almeno un centinaio di caduti partigiani e ne furono catturati altri quaranta.

Nuovi impieghi

Nel dicembre 1943, la divisione fu posta a presidiare l'Italia settentrionale in seno al *II.SS-Panzer-Korps* a sua volta dipendente dalla *14. Armee* (HG C), del *Generaloberst* Eberhard von Mackensen. Nel gennaio del 1944, l'unità fu poi assegnata, all'*Oberbefehlshaber Süd* in Liguria. La divisione fu posta in riserva, ma con compiti di presidio e lotta alle bande partigiane. Le truppe di Neiedermayer in realtà, continuarono il loro addestramento, prendendo parte alle operazioni anti-partigiane solo di rado: alla fine del 1943, l'unità fu giudicata pronta per compiti di presidio e nel marzo 1944, fu deciso il trasferimento della divisione in Liguria come riserva dell'*Oberbefehlshaber* Süd.

In Liguria, i Turkmeni furono impiegati come unità da difesa costiera e presidio anti-partigiano. Pochi giorni dopo il loro arrivo in Liguria, il 22 marzo, un reparto d'assalto statunitense formato da italo-americani era sbarcato nottetempo sulla costa nei pressi di Bonassola, allo scopo di far saltare una

Oskar von Niedermayer.

Generalleutnant Ralph von Heygendorff.

galleria ferroviaria per interrompere le comunicazioni ferroviarie tra Liguria e Toscana (*mission Ginny II*); un pescatore della zona, notando dei gommoni sulla spiaggia avvertì la GNR: le unità dell'Asse sulla costa ligure entrarono in stato di allarme, e la *162.* utilizzata quale unità di difesa costiera, iniziò le operazioni di ricerca per individuare e catturare i sabotatori. Il 24 marzo, gli statunitensi furono catturati da un gruppo di militi della G.N.R. e da una pattuglia tedesca, due giorni più tardi, dopo essere stati interrogati i quindici prigionieri furono passati per le armi, malgrado indossassero regolarmente la divisa; per tale crimine, nel dopoguerra venne fucilato il generale Anton Dostler.

Nel frattempo, a causa di alcuni problemi logistici, la divisione del generale Niedermayer si ritrovò a corto di pezzi d'artiglieria, e fu perciò dotata di pezzi di artiglieria pesante di provenienza italiana catturati dai tedeschi dopo l'8 Settembre 1943: si trattava di sei batterie da 105mm e di due batterie da 150mm, con personale italiano, distaccato da unità dell'Esercito repubblicano; gli italiani assegnati alla *162.* furono incorporati nella divisione, indossando l'uniforme tedesca con uno scudetto tricolore sul braccio sinistro (purtroppo non si hanno evidenze fotografiche su questo particolare).

Nel maggio del 1944, il generale Niedermayer fu destituito dal comando della *162.(Turk.)Inf.Div.*, a causa di opinioni contrastanti con la politica di Hitler: il generale infatti, si era dichiarato contrario al trattamento brutale riservato alle popolazioni dei territori orientali occupati, e riteneva che la guerra fosse ormai compromessa a causa delle decisioni, da lui ritenute folli, prese dal *Führer*[2]. Il *Generalmajor* Oskar von Niedermayer fu sostituito quindi dal *Generalleutnant* Ralph von Heygendorff, che aveva ricoperto prima della guerra l'incarico di addetto militare tedesco a Mosca.

In guerra contro gli Alleati

Fino al maggio dello stesso anno, la *162.* rimase in Liguria, dove fu inquadrata nel *LXXV. Armeekorps*. Questo corpo era stato creato in Italia nel marzo 1944, nel settore dell' *Heeresgruppe* C, impiegando il *Generalkommando des LXXXVII.Armeekorps* nella *Operationszone "Alpenvorland"* (elementi 278.ID). Dopo che quest'ultimo fu trasferito nella *Operationszone "Adriatisches Küstenland"* (*Alarm-Rgt Brandenburg*), a giugno, la 162ª divisione, ora comandata dal *Generalleutnant* Ralph von Heygendorff, passò al *XIV.Panzerkorps* della *14.Armee* (*Heeresgruppe* C).

Volontari dell'Azerbaigian inquadrati nella *162.(Turk.)Inf.Div.*, primavera 1944.

Kesserling e von Senger.

Nel corso del mese, la *162.* fu rinforzata dallo *Schwere Panzer-Abteilung* 504 e posta in riserva nella zona di Orvieto, in Umbria. Per l'unità di Heygendorff si trattava del primo vero battesimo del fuoco al fronte contro le truppe regolari alleate.

A causa del crollo del fronte di Anzio e di Cassino, la situazione nell'Italia centrale era diventata tremendamente complicata per le truppe tedesche. Il Feldmaresciallo Kesselring, per prevenire il collasso e coordinare la ritirata verso le linee difensive provvisorie del Trasimeno, dell'Arno e poi verso quella definitiva della Gotica (*Grünenline*), fu costretto ad impiegare anche unità di seconda linea come la *Turkistan* che non avevano alcuna esperienza di combattimento contro truppe regolari.

Il battesimo del fuoco per la *162.* arrivò il 12 giugno 1944, quando i reparti turkmeni furono messi a disposizione del *XIV.Panzer Korps* del *General der Panzertruppe* Frido von Senger und Etterlin. Il 22 giugno 1944, l'Ottava Armata britannica attaccò le linee tedesche sulle sponde del lago Trasimeno: gli Alleati, dopo aver intercettate e decifrate le comunicazioni tedesche erano venuti a conoscenza che in quella zona era stata schierata proprio la *162. 'Turkistan'*, considerata un'unità militare di qualità piuttosto modesta.

Dislocazione delle forze tedesche nell'Italia centro-settentrionale al 1° luglio 1944. La posizione della *162.* è a destra della *19.LW-Feld-Division*.

Legionario della *162.(Turk)Inf.Division*.

I britannici decisero quindi di concentrare i loro sforzi proprio verso quel settore. L'attacco fu violento ed il 24 giugno, la *162.* perse i collegamenti con la *3.Panzergrenadier-Division*, che si trovava schierata sul suo fianco destro; la situazione continuò a farsi critica, tuttavia le truppe turkmene riuscirono a sganciarsi ed a ritirarsi in buon ordine verso nord. Il 27 giugno, riuscirono a ricongiungersi con i reparti della *19.Luftwaffe-Feld-Division* ed a stabilire una linea di resistenza sulle rive del fiume Cecina, a pochi chilometri da Saline.

Il 30 giugno, il Feldmaresciallo Kesselring decise di ritirare dal fronte la *162*: molti storici ritengono che ciò fu deciso a causa delle scarse prove fornite dalla divisione, sebbene il colonnello statunitense J. H. Hougen nel suo "..*The Story of the Famous 34th Infantry Division*",

Legionario Turkestano. Sul braccio destro porta il 1° tipo di scudo della Legione Turkestana con la scritta 'BIZ ALLA BILEN' (Con Dio, Facciamo la volontà di Dio).

Il generale Heinrich von Vietinghoff, a sinistra nella foto, a colloquio con il Feldmaresciallo Kesselring.

pubblicato ad Arlington nel 1949, ricordò come i turkmeni furono fatti oggetto di ripetuti e violenti attacchi da parte delle unità alleate perché ritenuti l'anello debole del fronte: ma nonostante ciò, un vero e proprio crollo della linea tenuta dalla *162.* non ci fu. Malgrado si arrivasse vicino al collasso della linea, ciò fu infine evitato grazie all'ordine con cui le truppe turkmene riuscirono a ritirarsi.

Il 25 agosto 1944, ebbe inizio la battaglia di Rimini. La *162. Turkistan* era stata schierata in riserva, a nord di Rimini; qualche settimana prima, l'*Oberstleutnant* Christiani comandante dell'*Infanterie-Regiment 303*, aveva proposto un piano per occupare il piccolo e neutrale stato di San Marino, tuttavia il comando non approvò l'operazione.

Il 4 settembre 1944, la divisione fu impiegata contro i britannici sulle creste del Gemmano e a Coriano, ma questa volta l'unità diede scarsa prova di sé: molti soldati turkmeni furono fatti prigionieri dalle truppe britanniche e canadesi.

Il 17 settembre, von Vietinghoff inviò al Maresciallo Kesselring una relazione segreta nella quale esaminava la situazione, scrivendo: *"La grande offensiva nemica si manifesta sempre più come una battaglia di mezzi e di logoramento di primo ordine. Le nostre perdite dal 25 agosto sono di*

Un *PzKpfw.IV* abbandonato dai tedeschi durante la battaglia per Rimini, agosto 1944.

Un pezzo anticarro tedesco impegnato contro I carri alleati nel settore di Rimini, settembre 1944.

circa 14.000 combattenti di prima linea. L'avversario ha finora impiegato la forza di 9 divisioni, comprese le divisioni corazzate, e di 4 brigate corazzate. Poiché le divisioni nemiche sono in genere di un terzo più forti delle nostre devono essere calcolate come 12 delle nostre. A ciò si aggiunge la completa padronanza del cielo da parte dell'aviazione avversaria (…) i bombardamenti a tappeto, gli assalti a volo radente dei caccia bombardieri, la osservazione costante dall'alto del terreno di lotta, la direzione del fuoco d'artiglieria e degli attacchi dei tanks, l'impossibilità di ogni movimento tedesco durante il giorno, le cortine di fumo e di nebbia e, da non trascurare, l'impatto psicologico della guerra aerea sul combattimento terrestre, impatto che raddoppia la forza d'urto del nemico per cui le nostre 8 divisioni invece di avere di fronte 12 divisioni nemiche devono in sostanza affrontare 20/24 divisioni e 4 brigate corazzate, alimentate da un flusso quasi inesauribile di mezzi e di uomini".

Vietinghoff scriveva che la battaglia si era dimostrata una tra le più sanguinose mai combattute in Italia. Sia i britannici sia i tedeschi avevano ogni giorno perdite dell'ordine di mille uomini tra morti, feriti e dispersi. Il 19 settembre, si scatenò su tutto il fronte, da Rimini a S. Marino, l'attacco alleato preparato da uno spaventoso bombardamento terrestre aereo e navale. Il Capo di Stato Maggiore del LXXVI *Korps* Runkel, disse in una telefonata al Capo di S.M. di Kesselring, Rottinger : "...L'ho visto con i miei occhi. *Sembrava di essere alle celebrazioni di Norimberga*", facendo riferimento alle fiaccolate notturne delle celebrazioni del Partito Nazionalsocialista. Il punto centrale della lotta, fu il colle di Covignano, attaccato da due brigate canadesi e difeso dai due reggimenti della *29.Panzergrenadier-Division* che fungevano da *stecche di balena* per gli uomini della *162.*

"*Turkistan*", schierati al centro dello schieramento dei *Panzergrenadiere* a S. Fortunato[3]. Peter Tompkins, agente dell'OSS, indicò come punto debole dello schieramento germanico, proprio il settore tenuto dai turkmeni. Il 14 settembre, la cresta di Coriano era ormai nelle mani degli Alleati, il generale Gerhard Muhm, allora tenente, affermò che la 162. *Turkistan* aveva causato il crollo delle difese tedesche: i turkmeni infatti, in stato di shock a seguito dei violentissimi bombardamenti subiti, in gran parte fuggirono o si arresero. Un intero reggimento, il *314.* si dissolse durante i combattimenti a San Fortunato.

Legionari turkmeni impegnati a prepararsi il rancio, autunno 1944.

Legionario della *162.(Turk)Inf.Div*.

Durante la ritirata e l'occupazione di Bellaria da parte della 2ª Divisione Corazzata neozelandese, furono fatti prigionieri altri 123 turkmeni. Tuttavia, lungo la Adriatica Romea (nome in codice "*Black Diamond*") paracadutisti e turkmeni resistettero duramente. Sul Rubicone, furono fatti prigionieri altri venti uomini della *162*. Il 21 settembre, le forze alleate entrarono finalmente a Rimini; la battaglia per la *Linea Gialla* era terminata. I resti della *162.* furono dislocati in ricostituzione nella zona di Ravenna.

Ai primi di ottobre, il Comando tedesco decise di impiegare la divisione non più al fronte, ma nelle retrovie come unità anti-partigiana. Nel novembre 1944, quanto restava della *162.Turkistan-Infanterie-Division* fu assegnato all'Armata Liguria, sotto il comando del Maresciallo d'Italia Rodolfo

Graziani. Dislocati nel piacentino nella zona di Piacenza, i volontari turkmeni furono identificati dai civili italiani del posto come *"mongoli"*, per via del loro aspetto. La divisione *Turkistan* divenne rapidamente famosa nell'area di Piacenza, Pavia e Parma.

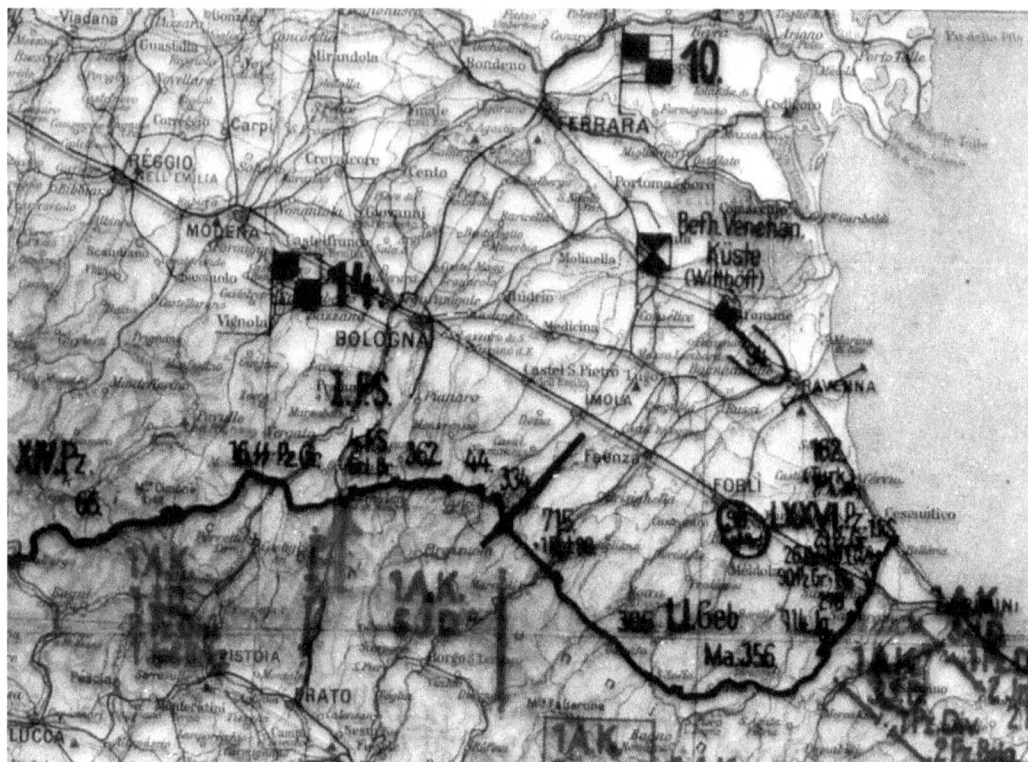

Dislocazione delle forze tedesche sulla costa adriatica all'inizio dell'ottobre del 1944. La *162.(Turk.)Inf.Div.* è dislocata a sud di Ravenna.

Truppe turkmene impegnate in un'operazione antipartigiana.

Alcuni civili, anni dopo, raccontarono di come alcuni di loro fossero *estremamente gentili*, mentre altri fossero esattamente l'opposto, capaci purtroppo di compiere numerosi crimini ai danni dei civili.

Operazioni contro le bande partigiane

Per i *turkmeni* si trattava dell'ultima spiaggia. Dopo la scarsa prestazione fornita al fronte, i tedeschi non avrebbero tollerato altri passi falsi: se avessero fallito anche come unità anti-partigiana, l'unità sarebbe stata sciolta e la truppa utilizzata come unità ausiliaria al supporto logistico. I reparti della *162.* furono quindi impiegati nelle operazioni *Wallenstein*, *Heygerdorff*, *Regenwetter* e *Totila*. Il 23 novembre, ebbe inizio l'operazione *Heygendorff*, a cui parteciparono anche le truppe turkmene: l'obiettivo era la riconquista delle zone montane tra Piacenza e Pavia, che bloccavano il passaggio lungo la strada che collega Piacenza e Genova, ormai sotto il controllo dei partigiani. Le forze partigiane in quell'area furono stimate tra le 8.000 e le 12.000 unità.

La zona interessata dalle operazioni antipartigiane nell'autunno 1944.

Legionari del Turkestan, 1944.

Il morale dei partigiani in quel particolare periodo era basso, in quanto il generale Alexander aveva proclamato la sospensione di ogni attività contro i tedeschi e i soldati della RSI per l'inverno. L'operazione iniziò con un violento fuoco di sbarramento dell'artiglieria: le truppe turkmene attaccarono da Casteggio e Castel San Giovanni, avanzando verso Bobbio. Nel corso dell'azione, le truppe turkestane si macchiarono di svariati crimini, tra i quali lo stupro di alcune donne, anche se la cifra di 402 stupri che la storiografia resistenziale attribuisce agli *Hiwis* della *162.* sull'appennino piacentino, è solo il frutto della propaganda postbellica che prese come modello i crimini dei *goumiers* marocchini nel Basso Lazio. Vi furono certo casi di violenza carnale, ma nell'ordine di meno di una decina, immediatamente repressi con la fucilazione dei responsabili[4]. L'operazione andò avanti, le truppe italiane della RSI, SS italiane, GNR e Brigate Nere riconquistarono il castello di Zavattarello il 24 novembre.

Un legionario turkmeno armato con un *PPSh 41*.

Legionari del Turkestan posano per una foto, 1944.

Tra Bobbio e le truppe italo-tedesche si frapponeva la Divisione *Giustizia e Libertà* di Fausto Cossu(5). Il 27 novembre, le truppe della *162.(Turk.).Inf.Div.* travolsero le difese dei partigiani giellini e riuscirono ad occupare il passo del Penice, liberando così la via per Bobbio. Il parroco di Bobbio, Francesco Bertoglio chiese ai partigiani di non trasformare il paese in una Stalingrado, soprattutto per paura delle rappresaglie dei temutissimi *mongoli*, così i partigiani giellini decisero di abbandonare il paese e di fuggire sui monti. Il 28 novembre, Bobbio cadde nelle mani degli italo-tedeschi ponendo così fine all'operazione *Heygendorff*.

Sistemata la situazione nell'Oltrepo' pavese, il prossimo obiettivo delle operazioni anti-partigiane fu il paese di Bettola, ad una trentina di chilometri da Bobbio nella valle dell'Arda. La 162. *Turkistan* iniziò a muoversi verso l'obiettivo già il 29 novembre; le giornate si facevano sempre più nebbiose e questo rallentò le operazioni. Tuttavia, i turkmeni riuscirono a sfruttare questo fattore a proprio vantaggio e il 4 dicembre, le truppe turkmene si infiltrarono tra le posizioni tenute dai partigiani grazie alle condizioni metereologiche, senza che questi se ne accorgessero. I capisaldi tenuti dai partigiani caddero così a uno ad uno in mano ai turkmeni: le truppe della *Turkistan* nella maggior parte dei casi riuscirono a sorprendere il nemico, precludendogli ogni possibilità di difesa o di reazione. Il 9 dicembre, le forze partigiane ormai sconfitte e decimate si ritirarono, formando un'ultima piccola sacca di resistenza tra le valli Nure, Ceno ed Aveto. Il rapporto sulle operazioni di controguerriglia condotte dalla *162. Turkistan* questa volta fu positivo, secondo gli ufficiali tedeschi le truppe si erano ben comportate ed erano riuscite ad incidere sull'esito delle operazioni: l'idea dello scioglimento dell'unità fu quindi abbandonata.

Soldati tedeschi e turkmeni della *162.(Turk.)Inf.Div.* posano per una foto in una taverna nella provincia di Piacenza, nell'autunno 1944.

Von Heygendorff consegna alcune decorazioni, 1944.

Nel dicembre 1944, l'attività partigiana fu estremamente limitata, tra il proclama di Alexander, le recenti sconfitte ed il clima non certo favorevole, le uniche azioni erano limitate al sabotaggio delle linee di comunicazione e di quelle logistiche. Il 6 gennaio 1945, il Comando tedesco lanciò una nuova offensiva contro le ultime zone tenute dai partigiani tra le valli situate nel triangolo Genova, Piacenza e Parma. Anche questa volta, la 162. *Turkistan* partecipò alle operazioni; le sue truppe avanzarono dal passo di Crociglia verso Cornolo (Parma), mentre i partigiani preferirono ritirarsi e non opporre alcuna resistenza. Il 7 gennaio, presso Rocchetta di Morfasso, un reparto turkmeno cadde in un'imboscata tesa dai partigiani: il combattimento fu particolarmente cruento, alla fine della giornata gli uomini della *162.* ebbero ragione dei ribelli grazie anche alla loro

Legionario del Turkestan.

Legionari del Turkestan, si spartiscono il rancio.

superiorità numerica. Il 10 gennaio 1945, le forze partigiane iniziarono a disperdersi per evitare di finire annientate e durante questa operazione, le forze turkmene eseguirono diverse esecuzioni sommarie: alcune delle vittime furono civili scambiati per partigiani o loro fiancheggiatori. In quella stessa giornata, un drappello di turkmeni, incrociò tra Vianino e il fondovalle, un folto gruppo di partigiani comunisti appartenenti alla 31ª (32ª) Brigata Garibaldi, cui si erano aggregati alcuni renitenti di Varano de' Melegari (bassa Valle del Ceno, nel parmense). I Turkmeni ebbero facilmente il sopravvento sulla banda, poi continuarono a rastrellare verso nord. Alcuni giorni più tardi, ebbe luogo nel reggiano, tra Scandiano e Baiso (tra Sassuolo e Reggio Emilia), un vasto rastrellamento nel quale operarono di nuovo i legionari della Turkestan. Nel suo diario di guerra, il Generale Guido Monardi dell'Esercito Nazionale Repubblicano annotava: *"I guerriglieri sospinti dai reparti della divisione Türkestan si ritirarono precipitosamente camuffandosi e mimetizzandosi fra la popolazione civile"*. A metà gennaio, le forze partigiane erano ormai state sconfitte e disperse, i sopravvissuti riuscirono a trovare rifugio sulle montagne parmensi, ma la grande zona libera partigiana era ormai stata rioccupata dalle forze italo- tedesche. Nel corso di queste operazioni, furono conferite tre Croci tedesche in Oro, *Deutsches Kreuz in Gold*, a testimonianza della durezza della lotta: al *Major* Konrad Bahr, agli *Hauptmann* Horst Külken e Heinz Dierker; un'altra *Deutsches Kreuz* verrà concessa al *Generalleutnant* Ralph von Heygendorff il 30 aprile 1945. Tutto questo a dimostrazione che la cattiva fama della *162.* è stata alquanto gonfiata dopo la guerra. A febbraio, la *162.* svolse compiti di presidio e difesa delle linee di comunicazione ma non ci furono grandi scontri a fuoco e operazioni degne di nota. Il fato stava però per condannare i militi della *Turkistan*: gli Alleati si accordarono con le autorità dell'URSS per la consegna di tutti gli eventuali prigionieri di origine sovietica e questo per i Turkmeni significava l'immediata esecuzione appena consegnati agli uomini di Stalin. La legge sovietica infatti prevedeva dieci anni di deportazione per chi fosse caduto prigioniero, e la morte, per chi avesse collaborato col *nemico fascista*, oltre all'incarcerazione dell'intera famiglia. Come se non bastasse, il 23 Febbraio 1945, la Turchia dichiarò guerra alla Germania, seppure solo nominalmente; la notizia non tardò ad arrivare ai Turkmeni che essendo turchi di lingua e di cultura, avevano ancora un fortissimo legame culturale e soprattutto spirituale (il *panturanesimo*, l'unione di tutti i popoli turchi dall'Anatolia all'Asia centrale) con la propria patria spirituale che aveva dichiarato guerra alla nazione per cui stavano combattendo. Ciò provocò una crisi morale in alcuni militari che preferirono disertare andando a rifugiarsi sulle montagne in attesa della fine del conflitto, altri invece si unirono ai partigiani.

Ultimi impieghi

Il 2 marzo 1945, la 162. *Turkistan Infanterie-Division* fu inviata nuovamente sulla linea del fronte. Vista la situazione ormai critica, il Comando delle truppe tedesche in Italia, preferì impiegare la maggior parte delle grandi unità al fronte, in previsione di una nuova ritirata verso le Alpi. Nonostante la diserzione di un qualche centinaio di uomini unitisi ai partigiani, l'unità continuava ad esistere ed a operare, seppur con un morale ormai estremamente basso. Verso aprile, i partigiani iniziarono a scendere dalle montagne parmensi, ed insieme a loro i disertori turkmeni. Pochi giorni dopo, attaccarono Bettola, presidiata da un distaccamento di SS italiane del battaglione *Debica*. Dopo tre giorni di combattimento i granatieri italiani della *29.* iniziarono a ritirarsi, lasciando così Bettola in mano ai partigiani. La *162. Turkistan*, trasferita nel ferrarese a difesa della propaggine orientale della Linea *Gengis Khan*, si trovava in linea tra Porto Garibaldi e Comacchio al momento dell'offensiva finale alleata; il 3 aprile, i britannici e gli italiani del Gruppo di Combattimento *Cremona* riuscirono a fare prigionieri 800 turkmeni che non opposero resistenza. Il 21 aprile, dopo esser riuscita a bloccare per qualche ora l'offensiva nemica nel proprio settore, la *162.* iniziò a ritirarsi verso il Veneto, attenendosi alle disposizioni del Comando germanico, mentre continuavano le diserzioni: in un solo giorno, circa cento azeri dell'*Inf.Rgt.314* disertarono consegnandosi ai britannici. Sette giorni dopo, il 28 aprile dopo aver cercato di coprire la ritirata dei reparti tedeschi, la divisione iniziò ad arrendersi alle truppe alleate nella zona di Padova; qualche centinaio di uomini però riuscì ad evitare la cattura continuando la ritirata verso nord. La storia della 162. *Turkistan -Infanterie-Division* terminò ufficialmente l'8 maggio 1945, quando l'unità si arrese alle truppe dell'Ottava Armata. La fine dei volontari turkmeni era segnata: furono rimpatriati in URSS poco tempo dopo. Ironia della sorte, lo stesso destino toccò ai disertori che si erano uniti ai partigiani italiani. Da Taranto, qualche migliaia di turkmeni prigionieri di guerra furono rimpatriati via mare verso Odessa, in Crimea, dove li aspettavano i plotoni di esecuzione stalinisti o nei casi più fortunati, i campi di concentramento.

Note

[1] Le *Ostlegionen* furono unità della *Wehrmacht* composte da prigionieri o disertori sovietici; la maggior parte di esse servirono sul fronte occidentale con compiti di difesa costiera, presidio ed operazioni anti-partigiane. Alcune unità combatterono anche in Normandia contro gli alleati, durante l'operazione *Overlord*.

[2] Il generale finì davanti alla corte marziale, dove evitò la pena capitale grazie all'intervento di numerosi ufficiali e gerarchi, tra i quali Himmler, che testimoniarono in suo favore. Nonostante ciò, il generale fu imprigionato nella

fortezza di Torgau fino al termine del conflitto. Un anno dopo, a guerra ormai terminata, fu arrestato dall'Armata Rossa, e venne tradotto a Mosca, dove fu condannato a 25 anni di lavori forzati per crimini di guerra; ammalatosi di tubercolosi, Niedermayer morì in prigionia il 25 settembre 1948.

[3] P. Romeo di Colloredo Mels, *Kesselring, una biografia militare, II, 1944-1960,* in corso di pubblicazione.

[4] P. Romeo di Colloredo, "*Goumiers*", Bergamo 2018, p.79 n.87.

[5] Fausto Cossu, nato a Tempio Pausania in Sardegna il 25 maggio 1914, fu un ufficiale dei Reali Carabinieri, nel 1942 prese parte alle operazioni belliche in Jugoslavia. Catturato dai militari tedeschi in seguito all'armistizio italiano, riuscì a fuggire, raggiunta la zona del piacentino organizzò una formazione partigiana chiamata *"Compagnia Carabinieri Patrioti"*, rapidamente la formazione crebbe di numero fino a diventare una divisione che assunse il nome di *"Giustizia e Libertà"*. Nell'estate del 1944, riuscì a tenere sotto controllo con l'aiuto di altre formazioni partigiane il comune di Bobbio e le aree circostanti, costringendo il comando tedesco a mettere in piedi un'operazione militare per la riconquista dei territori finiti sotto il controllo partigiano. Dopo la guerra, intraprese la professione di avvocato e nel 1999 il Comune di Piacenza gli ha assegnato una Medaglia d'oro di benemerenza. Morì a Piacenza il 16 Aprile 2005.

Bibliografia

Abramian, Eduard. *Forgotten Legion: Sonderverbände Bergmann in World War II 1941-1945.* Bayside, NY:, 2007

Afiero, M. *I volontari stranieri di Hitler,* Milano, 2001

Andican, A. Ahat. *Turkestan Struggle Abroad. From Jadidism to Independence.* Haarlem, 2007

Borsarello, J. e W. Palinkx. *Wehrmacht and SS: Caucasian, Muslim, Asian Troops.* Bayeux, 2007

Caroe, Olaf. *Soviet Empire: The Turks of Central Asia and Stalinism.* London: Macmillan, 1967

De Cordier, Bruno. *"The Fedayeen of the Reich: Muslims, Islam and Collaborationism During World War II",* China and Eurasia Forum Quarterly, Vol. 8, No. 1 (2010) pp. 23-46.

Jurado, Carlos Caballero e Antony Lyles. *Foreign Volunteers of the Wehrmacht 1941-45.* Oxford, 1983

Landau, Jacob. *Pan Turkism. From Irredentism to Cooperation.* Bloomington, 1995

Littlejohn, David. *Foreign Legions of the Third Reich.* Volume 4. San Jose, 1987

Montemaggi, Amedeo. *Rimini San Marino'44. La Battaglia della Linea Gialla.* San Marino, 1983

Muñoz, Antonio J. *The East came West. Muslim, Hindu, and Buddhist Volunteers in the German Armed Forces 1941-1945.*

Muñoz, Antonio J. *Hitler's Muslims. Muslim Volunteers in Hitler's Armies, 1941-1945.* Bayside, 2007

Muñoz, Antonio J. e Oleg V. Romanko. *Hitler's White Russians. Collaboration, Extermination and Antipartisan Warfare in Byelorussia 1941-1944.* New York, 2003

Muñoz, Antonio J. *Hitler's Muslims. Muslim Volunteers in Hitler's Armies, 1941-1945.* Bayside, 2007

Ready, Lee J. *The Forgotten Axis: Germany's Partners and Foreign Volunteers in World War II.* Jefferson, 1987

Thomas, Nigel e Stephen Andrew. *The German Army 1939-45 (5): Western Front 1943-45.* Oxford, 2000

Paolo A. Dossena, *"Hitlers Turkestani Soldiers: A History of the 162nd Turkistan Infantry Division"* Helion & Co Ltd

Raffaele Moncada, *"Ordine di Kesselring: «Arretrare combattendo»: La battaglia d'inseguimento a nord di Roma. Giugno 1944"* Ugo Mursia Editore

Nigel Thomas, *"The German Army 1939–45 (5): Western Front 1943–45"* Osprey Publishing

DEUTSCHE TRUPPEN IN ITALIEN, la Repubblica Sociale Italiana e la 'Turkistan Division' 1943-1945, volume II, Museo per la Fotografia e la Comunicazione Visiva di Piacenza

Il Battaglione SS 'Debica'
SS-Freiwilligen Bataillon 'Debica'
di Leonardo Sandri

Il Maggiore Guido Fortunato a Münsingen nel novembre del 1943.

Il Battaglione *Debica* costituì l'unità d'elite delle Unità Armate Italiane delle SS, meglio note come Legione SS Italiana. Costituito nel novembre 1943 con volontari che avevano accettato di essere inquadrati nelle *Waffen SS* per combattere su tutti i fronti ad eccezione di quello italiano, venne poi trasferito in Italia dove, a parte una breve parentesi nel giugno 1944 in cui combatté a nord di Roma contro gli anglo-americani, prese parte come unità di punta ad alcune fra le principali operazioni antiguerriglia che interessarono il Piemonte e il piacentino, infliggendo pesantissime perdite alla bande, in particolare nelle Valli di Lanzo ed in Valdossola, al prezzo di perdite irrisorie, una ventina di caduti in tutta la sua storia.

Costituzione e addestramento in Polonia

Il Battaglione SS *Debica* (leggi Debiza), denominazione non ufficiale di quello che sarebbe divenuto il reparto d'elite della Legione SS Italiana, nacque l'11 novembre 1943 presso il campo di addestramento di Münsingen, dove erano stati radunati circa 10.000 soldati italiani, di tutte le specialità, che fin dai primi giorni seguenti all'8 settembre avevano manifestato la volontà di voler continuare a combattere a fianco del Terzo Reich inquadrati nelle *Waffen SS*. Il 10 novembre, tutti i volontari italiani, in vista della partenza per l'Italia, vennero radunati sul piazzale del campo di addestramento dove venne annunciato loro che era in formazione un battaglione speciale di volontari che avrebbe combattuto su tutti i fronti, meno che su quello italiano, inquadrato in unità tedesche delle *Waffen SS*[1]. L'artefice della costituzione di questo speciale battaglione che assunse la denominazione iniziale di *Italienisches SS Freiwilligen Bataillon* (Battaglione Italiano Volontari SS) fu il Maggiore dei Bersaglieri Guido Fortunato che aveva comandato il XIX° Battaglione del 6° Reggimento Bersaglieri sul fronte russo dove era stato decorato dai tedeschi con la Croce di Ferro di 1ª e 2ª Classe. Il Maggiore Fortunato, vista l'atmosfera negativa che regnava al campo di addestramento di Münsingen dove accanto a

volontari

Volontari della Milizia Armata schierati di fronte alle baracche del poligono di Münsingen (BA).

motivati e determinati a continuare a combattere contro gli anglo-americani si erano venuti a trovare oltre a falsi volontari addirittura numerosi ex detenuti delle carceri militari fuggiti dopo l'8 settembre, concordò con il piccolo comando delle *Waffen SS* che sovraintendeva alla formazione di quella che venne denominata inizialmente Milizia Armata e che poi sarebbe diventata la Legione SS Italiana, di poter selezionare personalmente fra la massa dei militari italiani quelli più motivati, preferibilmente decorati, che attraverso una rigida selezione avrebbe dato vita ad un battaglione speciale. Vennero alla fine selezionati 20 ufficiali e 570 fra sottufficiali e uomini di truppa che vennero trasferiti al vicino campo di addestramento di Feldstetten, situato ad una decina di Km ad est di Münsingen.

Münsingen ottobre 1943. Da destra, il Maggiore Guido Fortunato, l'*SS-Hstuf.* Thaler (al centro) ed un ufficiale della Milizia Armata.

Coloro che non superarono la selezione costituirono un battaglione di marcia, posto agli ordini del Maggiore Nicasio Cordoni, che all'iniziò di dicembre rientrò in Italia dove si trovavano già gli altri battaglioni della Milizia Armata. Il 5 dicembre 1943, il battaglione partì da Feldstetten in treno per la Polonia, via Vienna – Praga; raggiungendo dopo alcuni giorni di viaggio la località di Kockanowka e proseguendo poi su linee minori fino a Debica, nel sud-est della Polonia dove giunse il 14 dello stesso mese per svolgere un periodo di addestramento di un paio di mesi presso il Campo di Addestramento della *Waffen SS* di Heidelager, situato nei pressi del villaggio di P'skow a circa 12 Km a nord-est da Debica, località da cui il battaglione assunse la sua denominazione.

Heidelager (Polonia), dicembre 1943. I venti ufficiali del Battaglione SS *Debica* con due istruttori tedeschi. I pastrani sono quelli in dotazione alle *Waffen SS* mentre i berretti sono ancora quelli dei reparti di origine.

Da sinistra il Caporale Antonio Stormi, il Sergente Mario Mullon e il Caporale Mark.

Al campo di addestramento oltre ai volontari italiani che vennero alloggiati nel settore III (Ring III), si trovava in quel periodo la 20ª Divisione delle *Waffen SS*, composta da estoni. Nei tre mesi trascorsi in Polonia, i volontari italiani non svolsero nessun addestramento particolare né vennero forniti di nuove divise tedesche, tanto che dovettero arrangiarsi come poterono per sopportare il rigido clima invernale polacco. Questo quanto riportato nel diario del Caporale Antonio Stormi sulla costituzione del battaglione ed il periodo di addestramento in Polonia: "*19 Settembre 1943: Un raggio di sole torna a risplendere sulla nostra via. Oggi i camerati tedeschi ci hanno offerto la possibilità di riprendere le armi, di continuare la guerra con onore. L'Italia risorge!*

Due ufficiali superiori della Milizia Armata in una foto scattata a Münsingen.

Mussolini liberato dalla sua prigionia da paracadutisti tedeschi, ha ripreso il potere. Il nuovo Stato, Repubblica Sociale Italiana, riprende vita. Purtroppo nei giorni immediatamente successivi all'armistizio, ogni cosa, Ente, ufficio statale e militare che sia stato, fu distrutto, cancellato dalla vita nazionale. Bisogna riprendere da capo, dal nulla. Sarà difficile e duro ma riusciremo. 2 Novembre 1943: Siamo a Munsingen (Ulma). Qui il Comando Tedesco ha riunito buona parte degli italiani che ritornano ad indossare una divisa e a combattere. Saremo circa 10.000. Attendiamo il nostri destino con fiducia. Non vogliamo nulla. Desideriamo solamente continuare accanto ai tedeschi la nostra guerra. Vogliamo combattere. Combattere e morire per la nostra Italia. 10 Novembre 1943: All'ultimo momento, mentre i reparti stanno già preparandosi per la partenza per l'Italia, si fa l'ultima adunata. Vien chiesto chi vuole entrare a far parte di un battaglione speciale. Scopo del battaglione: andare su tutti i fronti, meno su quello italiano. Premio: la morte in combattimento. Sento una mano invisibile che mi spinge. Accetto senz'altro. Il Maggiore Fortunato che sceglie gli elementi mi squadra severo. Temo per un attimo di non venir scelto. Ma vedo con gioia che il maggiore mi indica la parte dove stanno gli arruolati. 15 Novembre 1943: Primi giorni nel battaglione. La vita procede bene. Entusiasmo grandissimo fra i componenti del Battaglione.

Volontari estoni della *Waffen-SS* in addestramento presso il campo di Heidelager con mortaio e MG-34 (*Collezione Reimo Leol*).

Aspettiamo con comprensibile ansia la nostra sorte. Dove andremo ? Quando ? 2 Dicembre 1943: I giorni passano e siamo sempre qui: Gli altri reparti sono già da lungo tempo partiti per le loro destinazioni. Qualcuno sarà già al fronte o al rastrellamento. Noi invece sempre qui, senza far niente, inattivi. 5 Dicembre 1943: Sembra che finalmente si sia deciso la nostra sorte. Partiamo oggi per la Polonia dove in un campo delle SS faremo la nostra istruzione. 10 Dicembre 1943: In viaggio verso la Polonia. I giorni passano lenti. Ma perché si va così piano ? Dopo due mesi di attesa aneliamo iniziare presto l'istruzione per essere presto pronti.

L'entrata del campo di Heidelager, 1944.

Reparti SS in addestramento al campo di Heidelager.

Un soldato italiano si consegna ad un'unità tedesca sul fronte balcanico, dopo l'8 settembre 1943 (BA).

14 Dicembre 1943: Siamo giunti ad Heidelager ieri l'altro. Fatto il bagno, ci hanno alloggiato in belle baracchette al III Ring. Ci han detto che oggi o domani si dovrebbe avere le divise nuove con le armi in modo da poter iniziare subito l'istruzione. 20 Dicembre 1943: Siamo sempre al solito punto. Parole, parole, parole. Non abbiamo avuto né armi né vestiti e siamo sempre inattivi. Ma che si siano dimenticati che esiste questo battaglione ? 25 Dicembre 1943: IV° Natale di guerra. Nella mia camerata abbiamo fatto un bellissimo albero. Adornato con mezzi di fortuna, pezzettini di carta, qualche candelina rubata chissà dove, ci sembra bellissimo. Forse perché ci siamo tutti prodigati in ogni modo per farlo lucente e ricco; e forse perché ci ricorda altri alberi, fatti in altri tempi, nell'intimità della famiglia. A sera ci riuniamo tutti insieme intorno all'albero. Guardiamo muti le candeline che ardono, quasi timide. Poi una lenta canzone si leva in sordina nella stanza. E' una canzone dolce, melodiosa, pacata. Quasi una mistica atmosfera regna nella stanza. Cantiamo piano, piano e ci guardiamo negli occhi. Siamo uomini e soldati. Ma le lacrime scendono, anch'esse piano, piano sui volti pensosi. 2 Gennaio 1944: Continua la vita; vita nell'anno nuovo. Cosa ci riserverà il destino ? Vedremo la fine della guerra ? Vedremo la nostra Vittoria ? Mute domande alle quali risponde muto e presago il cuore. Vittoria, Vittoria, Italia, Italia. Il nome della Patria, ci rintrona nelle orecchie, scandito dai battiti del cuore. Siamo persino ossessionati da queste speranze. Per ora noi, purtroppo, siamo sempre qui inoperosi. Altri già fanno il loro dovere ed hanno iniziato la ricostruzione del nuovo Stato. Quando faremo anche noi qualcosa ?".

Questa invece la testimonianza del Sergente Angelo Camisa: *"Prima dell'8 settembre 1943, mi trovavo in Grecia ed ero effettivo al 18° Reggimento di Artiglieria. All'atto dell'armistizio fui*

Volontari italiani avviati verso un centro di reclutamento da un soldato tedesco (rivista *Signal*).

Il Capitano delle SS e della Polizia Friedrich Noweck.

fatto prigioniero dai tedeschi e da questi condotto in Olanda allo Stammlager 9° dove si trovavano anche prigionieri russi. Dopo pochi giorni venne un ufficiale tedesco che arringò i soldati italiani, tutti schierati in un grande capannone, per esortarli ad arruolarsi nell'esercito tedesco ma senza grande successo. Dopo alcuni giorni rinnovò l'esortazione, allora un sottufficiale italiano uscì dai ranghi manifestando il desiderio di combattere gli anglo-americani ma in divisa italiana. Vi furono parecchi volontari fra cui io che fummo isolati dagli altri e fummo inviati a Munsingen in un campo di addestramento. Qui venne dopo alcuni giorni il maggiore Fortunato, in divisa da maggiore delle SS, per arruolare volontari per il fronte russo. Voleva un reparto scelto con gente alta più di 1 e 70 e con grandi requisiti fisici, per tanto i selezionati furono pochi. Aderii all'invito e con gli altri selezionati fui inviato al campo di Debica in Polonia dove ci venne distribuito molto cibo e molto liquore rispetto a Münsingen, in libera uscita ci comportavamo in modo un po' vivace grazie al fatto di vestire la divisa italiana. Nel febbraio del 1944, rientrammo in Italia senza aver svolto alcun addestramento".

Il rientro in Italia e le prime operazioni antiguerriglia

Il 12 febbraio 1944, il battaglione venne caricato su un convoglio ferroviario per rientrare in Italia, raggiungendo il Brennero il 20 e Milano il 21 febbraio. Dopo una breve sosta presso la caserma Adriatica alla Bicocca dove il battaglione venne strutturato su quattro compagnie fucilieri[2], ognuna su quattro plotoni, e distribuite le armi comprese

Un'altra foto del Capitano Friedrich Noweck.

Il Capitano Arturo Dal Dosso.

alcune mitragliatrici pesanti, due squadre con 4 armi per compagnia ma nessun mortaio, il *Debica* raggiunse poi nella giornata del 23 febbraio Pinerolo dove, con i vari battaglioni della Milizia Armata era in allestimento la 1ª Brigata d'Assalto delle Legioni Volontari Italiani[3]. A Pinerolo, il *Debica* venne accantonato alla caserma *Principe Amedeo*, ex sede della scuola di Cavalleria del regio esercito[4]. La 1ª Brigata d'Assalto non era ancora un'unità inquadrata nelle *Waffen SS* di cui non portava alcuna denominazione, solo il battaglione giunto dalla Polonia venne fin dall'inizio considerato a tutti gli effetti parte delle *Waffen SS*, sia come denominazione, *SS-Freiwilligen Bataillon*, sia portando le mostrine nere senza runa[5], anche se molti si fregiarono delle rune SS con la compiacenza dell'ufficiale di istruzione e di collegamento tedesco presso il battaglione, Capitano delle SS e della Polizia Friedrich Noweck. Noweck si dimostrò un ufficiale molto legato ai volontari italiani del *Debica*, tanto che il battaglione operò spesso come unità autonoma svincolata dalla gerarchia della brigata. Noweck, nato a Danzica nel 1914, aveva preso parte alla compagna di Polonia nel 1° Reggimento di Fanteria di Danzica. In data 15 ottobre 1939, era passato alla Divisione *Polizei* delle *Waffen SS* come sottufficiale comandante di plotone. Dal 1°gennaio al 13 luglio 1940, aveva frequentato il corso di allievo ufficiale presso l'accademia della polizia di Berlino-Kopenick, ottenendo la promozione al grado di sottotenente. Aveva quindi svolto l'incarico di comandante di compagnia nel battaglione di polizia di Pelplin fino al 15 settembre 1940 e successivamente, fino al 30 giugno 1942, aveva svolto l'incarico di ufficiale istruttore presso la scuola di polizia di Pelplin. Dal 1°luglio al 4 dicembre 1942, aveva svolto l'incarico di ufficiale istruttore alla guerra anticarro presso la scuola della polizia di Den Hag. Dal 5 dicembre 1942 al 5 gennaio 1944, aveva combattuto sul fronte orientale in qualità di comandante della compagnia anticarro del 13° Reggimento SS di Polizia. Il 20 gennaio 1944, era stato trasferito in Italia, a Mestre, inizialmente come ufficiale istruttore presso il I° Battaglione Volontari di Polizia Italia

(*I.Polizei Freiwilligen Bataillon Italien*) e poi assegnato al *Debica*. L'ufficiale, nel corso del conflitto, era stato decorato con la Croce di Ferro di 2ª Classe in data 5.9.39, la Croce di Danzica nel novembre 1939, la Croce al Merito di Guerra di 2ª Classe nel febbraio 1943, la Croce di Ferro di 1ª Classe in data 21.5.43, il Distintivo d'Assalto della Fanteria in data 12.12.43 ed il Distintivo di Ferito in Nero nel dicembre 1943. Oltre a Noweck, venne assegnato al battaglione con funzioni di ufficiale all'amministrazione il Capitano della Polizia SS Kohlstedt poi sostituito dal Sottotenente von Kőbl, completavano l'organico del personale tedesco assegnato al battaglione un paio di sottufficiali per compagnia. Al rientro in Italia non figurava più in organico al battaglione, l'artefice della sua costituzione, il Maggiore Guido Fortunato, di cui si sconosce il destino e i motivi per cui venne congedato dalle *Waffen SS*, al suo posto venne nominato il Maggiore Emilio Sassi; comandanti delle tre compagnie fucilieri erano rispettivamente il Capitano Roberto Cantarella[6], la 1ª, il Capitano Arturo Dal Dosso la 2ª ed il Capitano Silvio Premuda la 3ª. Ufficiale d'Ordinanza era il Tenente Tosatti, ufficiale di amministrazione il Capitano Eliseo Signorini mentre l'ufficiale medico era il pari grado Emilio Rimini.

SS-Brigdf. Peter Hansen.

Val Pellice, marzo 1944: un'autoblindo AB 41 del *Pz.Abt.208* durante l'operazione 'Spärber'.

Secondo un documento, noto come "*Arbeitsplan Hansen*" (piano di lavoro Hansen), dal nome del comandante della 1ª Brigata d'Assalto, del 29 febbraio 1944, il *Debica* andò a costituire il I°Battaglione del 1° Reggimento. Il 13 marzo, ai volontari SS vennero distribuite, in sostituzione delle vecchie uniformi che vestivano dall'8 settembre, nuove uniformi, quelle da paracadutista senza collo[7]. Il giorno seguente, il battaglione venne trasferito in Val Pellice, con il comando e la 3ª Compagnia a Torre Pellice, la 1ª Compagnia a Luserna San Giovanni, alla caserma *Pettinati*, e la 2ª Compagnia e Bricherasio. Fra gli incarichi assegnati ai volontari SS, oltre alla costituzione di posti di blocco, vi era la scorta ai treni sulla linea Torre Pellice – Pinerolo. Secondo il piano di lavoro Hansen, il Battaglione *Debica* avrebbe dovuto assumere il seguente schieramento: comando ed una compagnia a Bobbio Pellice, una compagnia a Torre Pellice ed una compagnia a Villar Pellice.

Tuttavia, a causa della presenza di numerose bande nella media ed alta Val Pellice il battaglione venne dislocato all'imbocco della vallata. Il 21 marzo 1944, il Battaglione *Debica* prese parte all'operazione *"Spärber"* (Sparviero) che interessò principalmente la Val Luserna, la Val Pellice e la Val Germanasca e secondariamente la Val Chisone. Da Torre Pellice, il *Debica* superato il posto di blocco di Santa Margherita, risalì la valle diviso su tre colonne: una lungo la strada a fondovalle, una a mezza costa sulla sinistra orografica e la terza lungo il torrente Pellice.

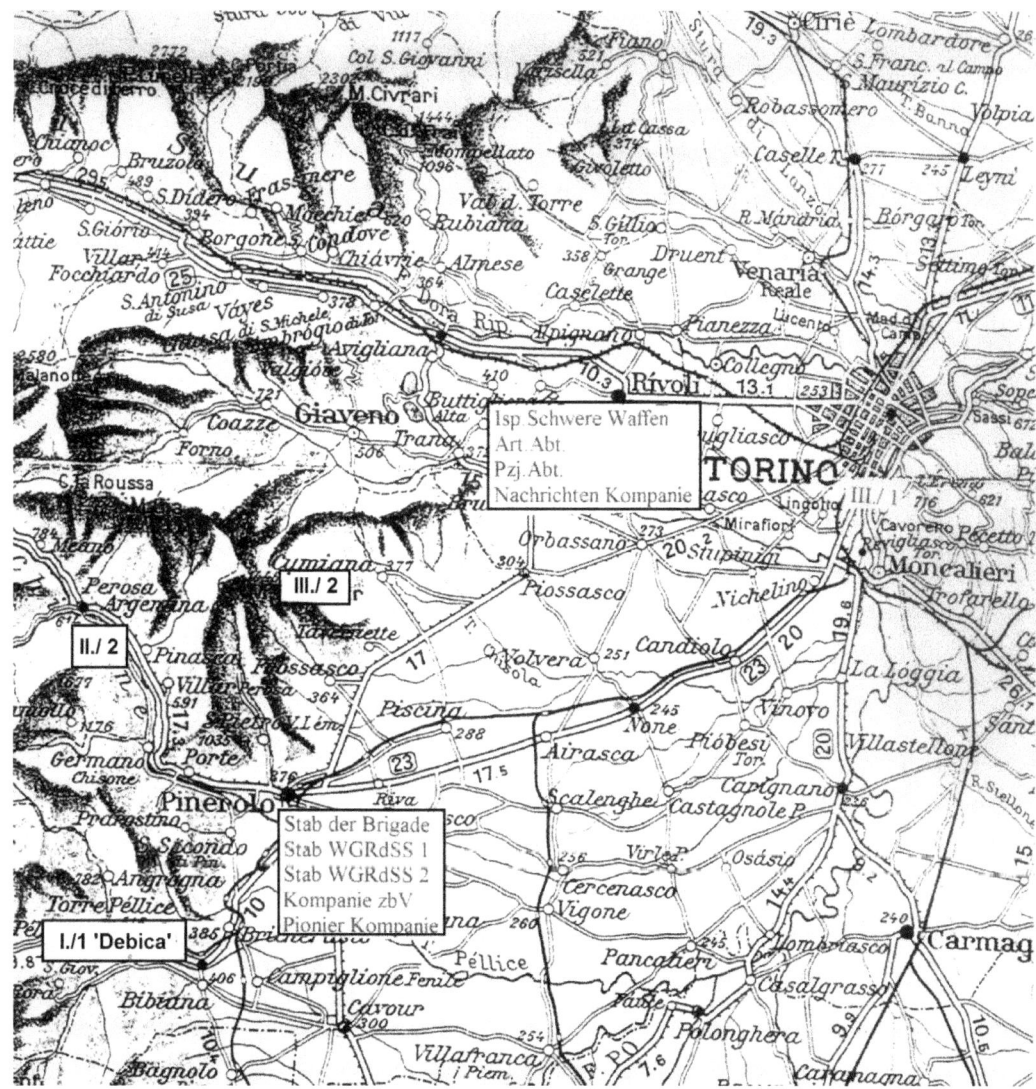

Dislocazione reparti *Waffen-Grenadier-Brigade der SS* nella primavera del 1944.

Durante l'avanzata su Villar Pellice la 2ª Compagnia agli ordini del Capitano Arturo Dal Dosso, venne attaccata in zona Bordella e accerchiata da un gruppo di partigiani del distaccamento del comandante Ulisse, attestati sulle alture ai lati della strada, che sparavano con alcune mitragliatrici pesanti ed un mortaio. Un colpo di mortaio, caduto vicino alla postazione da cui il Capitano Dal Dosso dirigeva l'attacco, causò il ferimento dell'ufficiale, colpito da schegge alla testa e al torace. Ferito dal fuoco di una mitragliatrice mentre attraversava un tratto allo scoperto per portare al comando di battaglione la notizia che la 2ª Compagnia si trovava in difficoltà anche il Caporal Maggiore Giovanni Fois. Nel corso di questi combattimenti il *Debica* ebbe i suoi primi due caduti, il Sergente Loris Ragoni, poi decorato postumo con la Croce di Ferro di 2ª Classe[8] e il Caporal Maggiore Roberto Pizzi, anch'egli decorato con la Croce di Ferro di 2ª Classe alla memoria[9]. Oltre al Capitano Arturo Dal Dosso e al Caporal Maggiore Fois vennero feriti il Caporale Antonio Raggi e il Granatiere SS Angelo Fusco. I feriti vennero tutti ricoverati all'ospedale *Maria Immacolata* di Pinerolo, Dal Dosso venne insignito del Distintivo di Ferito in Argento mentre il Caporal Maggiore Giovanni Fois, promosso al grado di sergente, venne decorato con la Croce di Ferro di 2ª Classe[10].

San Germano Val Chisone (TO). Un reparto SS del *II./ 2* radunato al centro del villaggio dopo aver effettuato un rastrellamento, primavera 1944.

In soccorso alla 2ª Compagnia intervenne la 1ª Compagnia, che venne a sua volta costretta a attestarsi a difesa a causa del violento fuoco delle mitragliatrici nemiche. Una squadra formata da quattro volontari italiani con alla testa il Sergente della Polizia SS Reinhard Schroders balzò all'attacco della postazione da cui i partigiani sparavano con una mitragliatrice pesante distruggendola con il lancio di bome a mano. Il resto della 1ª Compagnia con alla testa il Sergente della Polizia SS Ludwig Schubert riuscì quindi ad infrangere la linea di resistenza nemica e a mettere in fuga i partigiani. Tre di essi vennero uccisi in combattimento mentre altri quattro, fra cui il comandante Ulisse, vennero catturati e quindi passati per le armi. Il comandante del distaccamento, Ulisse che stava sparando da una roccia che dominava la strada venne sopraffatto da un SS che gli arrivò alle spalle e gli sparò un colpo uccidendolo. Nel corso della giornata venne quindi occupata Villar Pellice.

Questo quanto annotato nel proprio diario dal Caporale Antonio Stormi sugli eventi della giornata: "*21 Marzo 1944. Ore 3 e 15. Sveglia improvvisa. Finalmente ! Si parte per la prima azione di rastrellamento. Oggi è primavera e comincia la partita come dice la nostra canzone. Strana coincidenza di lieto presagio. Alle 6 si inizia il fuoco. Usciti dal posto di blocco ovest di Torre Pellice si avanza verso Villar Pellice (8 Km). La 2ª Compagnia incontra la prima resistenza. Una mitragliatrice pesante partigiana in un bunker batte con il suo fuoco la nostra direttrice di marcia. Parte un plotone che distrugge il bunker e mette in fuga i partigiani. Il primo prigioniero viene condotto al Comando. All'interrogatorio nega ogni sua partecipazione alle azioni di sabotaggio. Alle 10 parte anche la 1ª Compagnia con altra direttrice. Da Luserna, attraverso Lusernetta si dirige verso la Val Chisone. I ragazzi sono entusiasti, partono con allegria spensierata. In bocca al lupo !*".

Il *Debica*, rinforzato da un pezzo da 88 di un reparto della *Flak* e da alcuni mezzi blindati del Gruppo Corazzato "*Leonessa*", proseguì nei giorni successivi il rastrellamento della Val Pellice occupando, senza incontrare resistenza organizzata, Bobbio Pellice il 22 marzo e Villanova, ultimo paese della valle, il giorno 23. Nella giornata del 23 marzo, una colonna del *Debica*, partita da Bobbio Pellice, scese in Val Germanasca attraverso il Colle Giuliano, mettendo in fuga un gruppo di partigiani attestati nella località di Rodoretto. Il 24 marzo, una colonna del battaglione puntò verso Prà del Torno, a monte di Villanova, dove era stata segnalata la presenza di una base di una formazione partigiana.

In Val Germanasca, nei pressi del ponte Raut, un'autoblinda del Gruppo Corazzato '*Leonessa*' della GNR spara sulle posizioni occupate dai partigiani e avanza verso Perrero.

Mentre era in marcia, il reparto SS venne preso sotto il fuoco di alcune mitragliatrici piazzate su un'altura. Il Sottotenente Aldo Volpato con il Sergente della Polizia SS Herbert Turner ed un manipolo di uomini e senza attrezzatura da montagna scalarono un'altura portandosi in una posizione privilegiata da dove messa in posizione una mitragliatrice attaccarono il campo nemico alle spalle, causando la morte di 14 partigiani e catturandone altri undici oltre ad una mitragliatrice pesante, una leggera, 8 fucili oltre a munizioni e ad una grossa quantità di rifornimenti. Per il valore dimostrato in questa azione il Sergente

L'*SS-Oberführer* Otto Jungkunz interroga alcuni prigionieri durante un'operazione antipartigiana, 1944.

della Polizia SS Herbert Tuner venne decorato con la Croce di Ferro di 2ª Classe. Il 25 marzo 1944, le operazioni vennero sospese in seguito a contatti fra i capi partigiani della Val Pellice e il capo di Stato Maggiore della 1ª Brigata d'Assalto, *SS-Oberführer* Otto Jungkunz, che portarono ad una tregua nei combattimenti proseguita fino al 29 marzo. La maggior parte dei membri delle formazioni "*Giustizia e Libertà*" della Val Pellice accettarono le condizioni poste dall'ufficiale e numerosi partigiani e sbandati poterono così rientrare indisturbati alle proprie abitazioni, mentre altri furono arruolati nell'Organizzazione Todt ed alcuni accettarono di arruolarsi nel Battaglione *Debica*.

Primavera 1944, provincia di Torino: un reparto SS italiano in fase di trasferimento durante un'operazione antipartigiana.

Questa la testimonianza di uno di questi nuovi "volontari": "*Prima dell'8 settembre 1943 mi trovavo nel Battaglione Sciatori 'Monte Cervino'. All'armistizio rientrai alla mia abitazione in Val Chisone dove fui costretto a nascondermi in quanto renitente. Nel marzo del 1944 con altri*

Un pezzo da montagna delle SS italiane in azione, 1944.

sbandati venni catturato durante un rastrellamento da parte di soldati appartenenti al Battaglione 'Debica' di cui ignoravo totalmente l'esistenza. Portato al comando con gli altri prigionieri venni interrogato da alcuni ufficiali che ci proposero l'arruolamento nel battaglione o l'invio in Germania, io ed altri optammo per l'arruolamento nel battaglione. Si trattava di un reparto dipendente dalle SS tedesche che operava abbastanza autonomamente dagli altri reparti di SS italiane che si trovavano in zona, noi fra l'altro portavamo mostrine nere mentre per un certo periodo gli appartenenti agli altri reparti le portavano rosse. Io venni assegnato alla 1ª Compagnia".

Il 29 marzo, il Comando di Battaglione si spostò a Bobbio Pellice dove si erano concentrate le tre compagnie. Nella stessa giornata ripresero le operazioni militari che interessarono la Val Germanasca e che portarono all'annientamento delle formazioni "*Giustizia e Libertà*" ancora attive in zona. A Perrero, i volontari SS recuperarono un deposito di munizioni di artiglieria poi trasferito al forte di Fenestrelle. Questo quando riportato nel diario del Caporale Antonio Stormi sulle ultime fasi dell'operazione: "*29 Marzo 1944. Le azioni sono continuate giorno per giorno. La Val Pellice è liberata. Il Comando di Battaglione si è sistemato a Bobbio Pellice, ultimo paese prima del confine francese. Il Capitano Prearo, capo dei banditi, ha accettato un incontro con il Capitano Noweck. Gli si proporrà una resa a discrezione. I suoi uomini potranno scendere a valle, abbandonando quella vita da banditi e ritornare alle proprie case. Prearo non cede. Pretende un sacco di cose. Le azioni continueranno. Ho interrogato i prigionieri. E quanti! Alle domande loro rivolte rispondono o evasivamente o con imprecisioni. In effetti non sanno nemmeno loro per cosa combattevano. Ora sono quasi felici che sia finita così. Tipo interessante un piccolo, sordido ebreo[11] che cercava di nascondere le sue condizioni. Negava di essere ebreo. Alla fine dopo un piccolo incontro di pugilato lo ha ammesso. Forse la faccia, rollagli in collaborazione con il Capitano Noweck, lo ha fatto un pò pensare e ricordarsi che era anche il capo comunista di una banda. Un'altra buona preda è un professore fiorentino vecchio e brutto, propagandista sovversivo*".

Il 5 aprile, al termine delle operazioni il Comando di Battaglione rientrò a Torre Pellice, unitamente alle tre compagnie sempre dislocate a Luserna, Bricherasio e Torre Pellice. A questa data il battaglione aveva un forza di 21 ufficiali, 33 sottufficiali e 295 soldati per un totale di 349 uomini. Si trattava di circa 200 uomini in meno rispetto a due mesi prima, molti infatti avevano approfittato del rientro in Italia per disertare o passare al altri reparti della repubblica Sociale Italiana. Alcuni passarono nelle file della resistenza, uno di essi, Gian Paolo Meneghetti, preferì spararsi un colpo in testa, in località Rognosa, in Valle Angrogna, piuttosto che arrendersi quando si trovò accerchiato dai suoi ex camerati che riconosciutolo lo invitavano ad arrendersi chiamandolo per nome.

Ufficiale del Battaglione SS *Debica*, unico reparto cui venne concesso di portare le mostrine nere, in molti casi con le rune SS, fin dalla sua costituzione (SIMONI).

Due giovani volontari SS in forza al battaglione Debica. Il milite a destra porta impropriamente un berretto da sottufficiale delle *Waffen SS*.

Questa la situazione del battaglione nei primi mesi dal rientro in Italia nelle memorie di un sottufficiale: "*A fine febbraio del 1944 arrivai a Pinerolo dove ricevetti finalmente una nuova divisa, modello da paracadutista senza collo, al posto della mia che era ancora quella che portavo in Grecia l'8 settembre completata da un cappotto che mi avevano dato i tedeschi. A Pinerolo venni inquadrato nel Battaglione 'Debica' appena arrivato in Italia dopo un periodo di addestramento in un campo delle* Waffen SS *in Polonia. Il mio inquadramento nel battaglione fu del tutto casuale e dovuto al fatto che strinsi amicizia con uno di loro, soprannominato '100 pistole', perché era solito portarsi dietro due o tre pistole, che mi propose ad un ufficiale del battaglione. Questo viste le mie note caratteristiche si occupò di farmi trasferire nel 'Debica'. Il 'Debica' costituiva un'unità sui generis all'interno della brigata, noi portavamo le mostrine nere delle SS, a differenza degli altri reparti che per molti mesi portarono mostrine rosse tanto che noi li chiamavamo 'pomodori', era inoltre costituito da un nucleo molto ristretto di ufficiali e sottufficiali attorno ai quali ruotava il reparto. L'ufficiale tedesco di collegamento tedesco, Capitano Noweck, aveva grande fiducia nello spirito del 'Debica' e fece in modo che il reparto non fosse inquinato con l'immissione di nuovi ufficiali che non avessero svolto l'addestramento in Polonia. Nel 'Debica' vigeva uno spirito particolare che ne faceva il reparto d'elite dell'intera Legione SS Italiana, solo negli ultimi mesi di guerra vennero aggregati nuovi ufficiali e sottufficiali. Un sottotenente aggregato alla mia compagnia, capito subito l'andazzo che circolava fra di noi, mi disse chiaramente che era lui che doveva imparare da noi. A Pinerolo eravamo alloggiati nell'ex caserma di cavalleria, la forza iniziale era di circa 500*

Militi SS italiani con un mortaio, 1944.

L'*SS-Oberführer* Karl-Heinz Burger.

uomini inquadrati in quattro compagnie; io venni assegnato alla 2ª *Compagnia del Capitano Dal Dosso. Degli oltre 500 rientrati dalla Polonia un certo numero disertò al rientro in Italia, altri passarono a reparti della RSI o della brigata stessa. A metà marzo, il battaglione si spostò in Val Pellice dove fummo impiegati in un'operazione contro i partigiani. Le compagnie non avevamo mortai ma come armi pesanti solo qualche mitragliatrice Breda 37. Il 21 marzo, mi trovavo a fianco del comandante della compagnia, Capitano dal Dosso, quando un colpo di mortaio centrò la nostra postazione, l'ufficiale e il nostro portaordini rimasero feriti, io me la cavai senza danni. In seguito a questo episodio Dal Dosso si mostrò sempre particolarmente nervoso quando ci trovavamo sotto il tiro dei mortai partigiani. Io nel frattempo ero stato promosso Sergente e mi occupai di costituire una prima squadra con due mortai da 81 catturati ai partigiani. Quando Dal Dosso, ripresosi dalla ferita, rientrò alla compagnia fra me è lui si instaurò una rapporto di sfida, benevolo, sulla mia capacità di centrare le postazioni nemiche al massimo al terzo colpo. Successivamente quando venne costituito il plotone mortai me ne venne affidato il comando. Io preferivo muovermi solo con due pezzi e caricare il maggior numero possibile di uomini con munizioni perché il mortaio ha il verme solitario e consuma una quantità notevole di colpi. Durante questa prima operazione in Piemonte non si era ancora formato quel particolare spirito che poi caratterizzò la storia del reparto, c'erano ancora molti che si erano arruolati solo per rientare in Italia, qualcuno disertò e passò con i partigiani. Durante la permanenza del battaglione in val Pellice svolsi in alcune occasioni servizio di scorta ai treni lungo la linea per Pinerolo".*

Il trasferimento in Italia Centrale e l'impiego al Fronte

Il 12 aprile 1944, il battaglione fu concentrato a Pinerolo dove vennero assegnati i primi mortai. Il 14 giunsero 32 autocarri nuovo Fiat 626 e 12 moto della III[a] Colonna Trasporti fornita dal Comando della Gendarmeria tedesca in Italia coi quali il battaglione venne trasferito in centro Italia in vista dell'impiego al fronte sud. Il battaglione partì nella giornata del 15 aprile e seguì il seguente itinerario: Torino – Alessandria – Bologna – Firenze – Arezzo – Perugia – Spoleto, località raggiunta nella giornata del 18 aprile. Sulla strada Spoleto – Assisi, il giorno precedente venne gravemente ferito ad un occhio in un'imboscata il Caporal Maggiore Antonino Leonardi che faceva parte del gruppo dei furieri agli alloggiamenti partiti qualche giorno prima. Questo quanto riportato nel diario del Caporale Antonio Stormi sul trasferimento del battaglione nell'Italia centrale: "*Partiamo improvvisamente. Prima meta Bologna. Una folle speranza mi sconvolge il cuore. Forse si va al fronte. Certo non siamo troppo ben armati ma il nostro entusiasmo saprà sopperire alla deficienza delle armi. Di tappa in tappa senza incidenti siamo arrivati a Spoleto dove ci si ferma definitivamente. Durante il viaggio ho osservato il comportamento della popolazione, visi inespressivi anzi ostili. Ma perché mi domando non sono lieti lori, i borghesi, che noi si va al fronte, che ci sono ancora italiani a difendere la nostra Italia, le loro case e famiglie, le loro grosse pance? Spoleto: morta e vuota. I negozi sono chiusi, poca gente per le strade. Gli 'Jabos' (aerei anglo-americani) sono continuamente sulla città. Si abbassano improvvisi, scaricano le bombe, una mitragliata e poi via di nuovo. E così ogni giorno*".

Un legionario SS del *Debica* armato di mitra *Beretta* MAB in un paese dell'Italia centrale durante il ciclo operativo antibanda della primavera del 1944.

Non è chiaro se il battaglione fosse destinato al fronte e venne all'ultimo momento impiegato in funzione antibande o se era già stato previsto che inizialmente partecipasse ad alcune operazione antiguerriglia fra Umbria e Marche sta di fatto che per tutto il mese di aprile il *Debica* operò in Umbria con base a Spoleto, in particolare lungo la via Flaminia fra Spoleto e Assisi. Il 26 aprile, il battaglione prese parte ad una vasta operazione antiguerriglia alle dipendenze del Comandante delle SS e della Polizia per l'Italia Centrale, l'*SS-Oberfürer* Burger. L'operazione interessò una vasta area fra Marche e Umbria nella zona compresa fra il Monte Pennino, Sorifa, Colle Croce e Passo Scheggia.

Giovane volontario SS del *Debica* durante il ripiegamento verso Firenze nel giugno 1944.

Durante questa operazione un reparto del Debica catturò lungo la strada Scheggia - Gubbio il noto capo banda ex capitano dell'esercito regio Raniero. Queste le scarne annotazioni sull'operazione nel diario del Caporale Antonio Stormi: "*Le compagnie partono stanotte per il rastrellamento. Vanno verso San Severino, Tolentino, Scheggia. Le azioni han dato pochi frutti. Le bande ribelli si son squagliate*".

L'unica azione di rilievo vide come protagonista la 1ª Compagnia, agli ordini del Capitano Roberto Cantarella che nella zona di Scheggia venne impegnata nella conquista di una base dei partigiani. A causa dell'intenso fuoco, due plotoni della compagnia mandati all'attacco furono costretti a ripiegare. Il Capitano Cantarella radunò una ventina di volontari che condusse all'attacco riuscendo in breve a sbaragliare il nemico. Le perdite delle SS furono irrilevanti, solo alcuni feriti leggeri mentre i partigiani oltre a subire perdite in morti e feriti abbandonarono due mortai e numerose armi. Nel corso dell'operazione, tre uomini del battaglione, mentre venivano rastrellate le pendici del Monte San Vicino, a causa delle fitta nebbia persero il contatto con il resto del reparto e si rifugiarono in una baita dove vennero sorpresi dai partigiani. Due di essi, il Caporal Maggiore Narciso Maddalena[12] e il Granatiere SS Ennio Di Giulio[13] vennero fucilati mentre il terzo, benché gravemente ferito e creduto morto riuscì a salvarsi. Durante il ciclo operativo in Umbria venne dato per disperso nella zona di Foligno il Granatiere SS Pietro Tabarrini.

Ai primi di maggio, al termine delle operazioni, il battaglione venne trasferito a Tolentino meno la 3ª Compagnia che venne distaccata a San Severino Marche. Il battaglione condusse numerose puntate nella zona compresa fra San Severino – Tolentino e Metelica, in particolare a caccia dei prigionieri di guerra fuggiti dal campo di Sforzacosta in seguito ad un bombardamento aereo angloamericano. Il 6 maggio, una squadra agli ordini del Tenente Malanga, recatasi su un autocarro a Cessapalombo alla ricerca di una radiotrasmittente in contatto con gli anglo-americani, si imbatté in un ragazzino che datosi alla fuga venne ucciso con una raffica di mitra sparata dall'ufficiale. Il 17 maggio, durante una di queste azioni di pattuglia, vennero fermati nei pressi di Cantiano due prigionieri di guerra croati ed un ex ufficiale italiano, che trovati armati vennero fucilati sul posto. Nella giornata del 31 maggio il battaglione partì da Tollentino per essere trasferito sulla costa laziale a nord di Roma in funzione antisbarco. Nella notte il Debica giunse ad Orvieto dove fece tappa. La mattina del 1°giugno mentre il Comando di Battaglione e la 2ª Compagnia si spostarono a Spoleto la 1ª Compagnia e la 3ª Compagnia raggiunsero la costa laziale nei pressi di Palo, nel comune di Ladispoli, con la 3ª Compagnia a difesa di Palo e un distaccamento al castello Orsini e la 1ª Compagnia dislocata più a sud, entrambe alle dipendenze tattiche della 92ª Divisione di Fanteria della *Wehrmacht*[14]. Qui, i volontari SS vennero divisi in piccoli gruppi di tre o quattro uomini a presidio degli apprestamenti difensivi costruiti nei mesi precedenti in previsione di un possibile sbarco anglo-americano. Il 2 giugno, il Capitano delle SS e della Polizia Friedrich Noweck assunse il comando operativo del battaglione.

L'*Oscha*. Walter Morini, comandante di plotone della *1.Kompanie* del *Debica* in una foto del maggio 1944 in cui ha ancora il grado di *Scharführer* (MORINI).

Nella giornata del 4 giugno, in seguito all'avanzata lungo la costa laziale di avanguardie corazzate americane, contro le quali i volontari SS nulla potevano in quanto completamente sprovvisti di armi controcarro, venne dato l'ordine di ripiegare su Grosseto. Nella stessa giornata tutte le postazioni lungo la costa subirono intensi mitragliamenti aerei che causarono la distruzione di molti automezzi. L'ordine di ripiegamento, a causa dei continui mitragliamenti aerei e alla totale mancanza di mezzi di trasporto venne effettuato nel più completo disordine e senza alcuna organizzazione. Ogni gruppetto tentò per proprio conto di dirigersi verso nord, solo alcuni nuclei meglio organizzati effettuarono il ripiegamento con un certo rodine, spesso dovendo aprirsi la strada combattendo in quanto superati da reparti esploranti statunitensi come ad esempio il plotone del Maresciallo Walter Morini che nella giornata del 5 venne a trovarsi tagliato fuori e solo grazie alla perizia e al sangue freddo del sottufficiale, veterano di molte campagne, riuscì a sfuggire alla cattura. Morini venne successivamente decorato con la Croce di Ferro di 2ª Classe[15]. Nella stessa situazione venne a trovarsi il plotone del Sergente Maggiore Enrico Vicentini che alla fine riuscì a raggiungere indenne la linee tedesche. Per questo venne poi decorato con la Croce al Merito di Guerra con Spade di 2ª Classe[16]. Decorati con la Croce al Merito di Guerra con Spade di 2ª Classe per episodi di valore durante la ritirata dalla costa laziale anche il Maresciallo Fernando Vasquez[17] ed il Caporale Umberto Lucarelli[18]. Il 5 giugno anche il Comando di Battaglione e la 2ª Compagnia da Spoleto ripiegarono su Perugia. Il 7 giugno la 2ª Compagnia venne inviata nella zona di Grosseto dove era previsto il punto di raccolta dei vari reparti del battaglione in ripiegamento. Qui il *Debica* avrebbe dovuto passare alle dipendenze tattiche della 162ª Divisione di Fanteria *Turkestan* che unitamente ad altre unità germaniche aveva il compito di rallentare l'avanzata anglo-americana fra il lago di Bolsena e la costa ma di fatto non trattandosi più di un'unità organica venne sganciata da ogni dipendenza da comandi superiori. Le direttrici principali del ripiegamento furono una lungo la costa fino ad Orbetello e la seconda più all'interno verso Monte Romano per poi confluire su Grosseto. Durante la ritirata oltre a scontri con le avanguardie corazzate americani i volontari SS dovettero subire la costante minaccia dei mitragliamenti aerei e degli attacchi da parte di bande di partigiani. In uno degli innumerevoli mitragliamenti aerei, il 10 giugno nei pressi di Orbetello venne ferito il Capitano Noweck mentre nei pressi di Grosseto venne catturato il Tenente Dante Ferrarese che dopo due giorni di prigionia riuscì a liberarsi da solo ed a riunirsi al resto del battaglione.

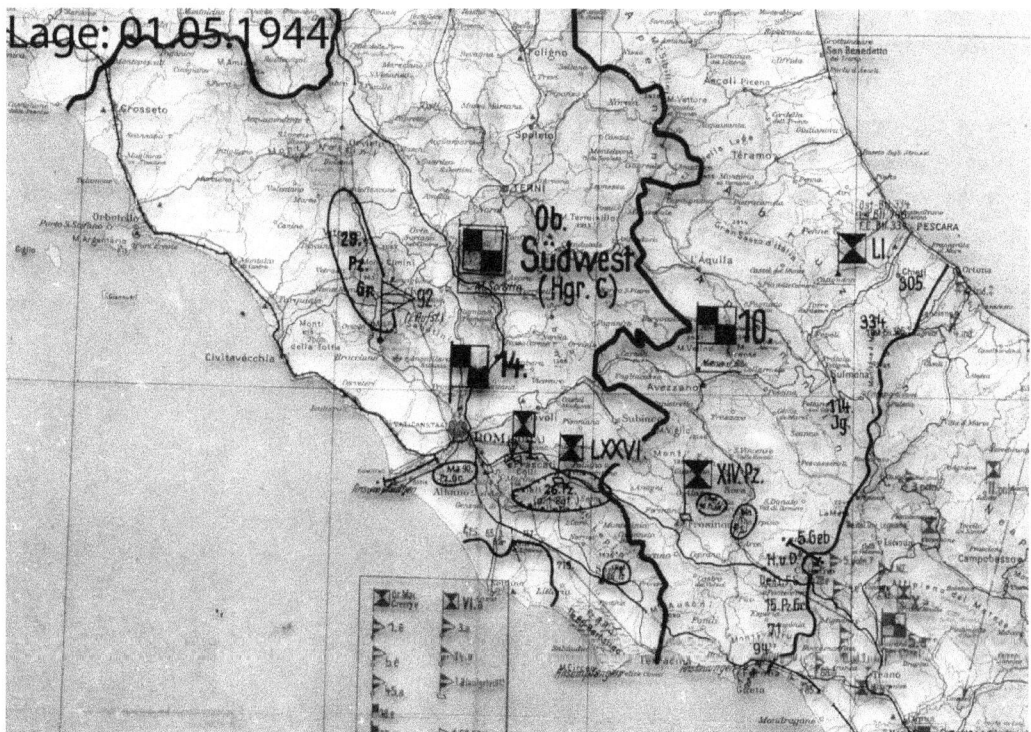

Dislocazione delle forze tedesche nell'Italia centrale al 1° maggio 1944, settore dove operò il battaglione *Debica*.

Il 13 giugno il Comando di Battaglione da Perugia ricevette l'ordine di spostarsi a Firenze dove presso le Cascine Nuove venne costituito il punto di raccolta dei reparti in ripiegamento. Il 23 giugno, tutti coloro che avevano raggiunto Firenze vennero riorganizzati in reparti organici e trasferiti per ferrovia verso l'Emilia Romagna. Il 23 giugno, mentre il convoglio ferroviario si trovava in sosta alla stazione di San Felice Panaro, nel modenese, il Sottotenente Apollinare Sassi[19], figlio del comandante del battaglione, mentre con altri commilitoni ispezionava un vicino treno merci carico di mezzi corazzati danneggiati provenienti dal fronte, toccò inavvertitamente i cavi dell'alta tensione rimanendo folgorato all'istante. A causa del tragico episodio il Maggiore Sassi chiese di essere posto in congedo, congedo che venne accordato, al suo posto subentrò il Capitano Noweck che nonostante la ferita subita a Orbetello era rimasto con la sua unità. Dopo una breve sosta ad Imola, i resti del battaglione proseguirono per Forlinpopoli dove vennero alloggiati presso un ex caserma di cavalleria, in attesa dell'arrivo di altri gruppi di sbandati. Questa la testimonianza di un sottufficiale del *Debica* sull'impiego al fronte del battaglione: "*Il 31 maggio partimmo per il fronte raggiungendo nuovamente Spoleto. Qui il battaglione venne frazionato in due gruppi. Uno, più consistente, venne inviate a Palo lungo la costa laziale, mentre un secondo gruppo fra cui il comando rimase a Spoleto. Il movimento dei vari reparti venne dato quando ormai gli angloamericani avevano sfondato il fronte di Montecassino ed avanzavano velocemente su Roma. A causa della confusione della situazione non si potè organizzare una linea di collegamenti efficienti, gli stessi comandi tedeschi da cui dipendevamo stavano ripiegando tanto che ad un certo punto ci rendemmo conto che si erano dimenticati completamente di noi. La mia compagnia da Spoleto ricevete l'ordine di spostarsi a Grosseto dove avrebbero dovuto ripiegare le altre due compagnie schierate a Palo, il comando di battaglione mosse in direzione di Firenze dove avremmo poi dovuto raggrupparci tutti. Già il movimento da Spoleto a Grosseto fu di difficile attuazione, ci vollero alcuni giorni anche perché era praticamente impossibile muoversi durante il giorno a causa dei mitragliamenti aerei. Ci muovemmo a bordo di alcuni camion ma alla fine a Grosseto ne arrivarono solo due. Le due compagnie che dovevano ripiegare su Grosseto non avevano potuto avvisare tutti i propri reparti sparsi in una vasta area e alla fine i vari gruppi ripiegarono isolatamente. In questa situazione caotica i nostri ufficiali si diedero molto da fare, attardandosi il più possibile in vari punti del fronte in modo da prendere contatto con il maggior numero dei gruppi rimasti isolati e che ripiegavano senza ordini. In più occasioni, essendo stati superati da avanguardie americane, dovettero aprirsi la strada combattendo, anche il Capitano Noweck cercò di fare di tutto per non abbandonare nessuno di noi tanto che venne ferito, anche se leggermente, per ben due volte a distanza di pochi giorni. A Grosseto in pratica non avevamo più automezzi essendo tutti stati distrutti dall'aviazione nemica. A piccoli gruppi inziammo la marcia di ripiegamento per Firenze dove avremmo trovato il comando. Dopo alcuni giorni di marcia giunsi anche io con i resti del mio plotone a Firenze dove fummo alloggiati in una caserma. La sosta a Firenze proseguì per alcuni giorni poi fummo trasferiti su camion a Forlinpopoli dove sostammo per una ventina di giorni aspettando eventuali gruppi che ripiegavano dal fronte, metà dell'organico del battaglione mancava all'appello*".

Questo invece il resoconto stilato dal Caporale Antonio Stormi: "*31 Maggio. Ordine improvviso e partenza per il fronte. La 3ª e la 1ª Compagnia si schiereranno a Palo e a sud di Palo. Compito: difesa della costa in caso di uno sbarco. Gli anglo-americani stanno avvicinandosi a Roma. Purtroppo i nostri non potranno fare molto. Armati solamente dei vecchi fucili '91 e di qualche mitragliatrice* Breda *debbono attendere gli americani con gli* Sherman. *5 Giugno 1944. Parto con due camion per prelevare viveri e portarli direttamente alle compagnie. Dopo due giorni di attesa in Amelia ho finalmente i viveri e parto per Civitavecchia. Arrivo fino ad Orvieto poi invece devo tornare verso Montefiascone. La vita è duretta. Continuamente durante il giorno e la notte gli aerei ci girano sulla testa. Ho fortuna. Ho visto macchine davanti e dietro della mia,*

L'*Oscha*. Adolfo S., nome di battaglia '*cento pistole*', comandante di plotone del *Debica*.

colpite e bruciate. A Montefiascone mi salvo quasi per miracolo da una sventagliata di Spitfire. *Riparto il giorno dopo per Orvieto. Gli inglesi hanno occupato Roma. Avanzano velocemente. Non mi decido di ripartire. Aspetto sempre di vedere qualche nostra macchina. Passano gli ultimi automezzi tedeschi con i paracadutisti. Devo decidermi se non voglio rimanere prigioniero. Sulla macchina e via. Gli 'Jabos' sono sempre sulla testa. Ogni tanto si abbassano e scaricano il loro maledetto rosario. Macchine bruciate ai lati delle strade. Corpi bruciati giacciono scomposti dappertutto. Con angoscia proseguo verso nord. Non una traccia del Battaglione ne dei nostri uomini. Penso alla loro sorte. Dove saranno ? Avran combattuto ? Son morti tutti o son prigionieri ? Verso sera incontro per puro caso la macchina con il tenente Binder. E' stanco e abbattuto. Mi dice che la colonna si è dispersa. Non ha notizie di nessuno. Sono terribilmente depresso. Binder prosegue verso nord. Ci diamo appuntamento a Perugia. Proseguo anche io piano. Passiamo per una strada polverosa piena di buche profonde prodotte dagli scoppi dei proiettili. Carogne putride giacciono sulla strada. Macchine brucianti offuscano il cielo. Un polverone continuo, fastidioso come il ghibli si libra sulla strada. Fa tremendamente caldo. Prima di un ponte una colonna di 30 automezzi è stata completamente annientata. E' notte. Passano romando i Panzer che vanno al sud per arginare l'avanzata. Guardo in alto attraverso il parabrezza. Miriadi di stelle lucenti punteggiano tremule il cielo e penso con animo accorato agli avvenimenti. Come fermeranno l'avanzata angloamericana? Dove ? Dove sono gli uomini del 'Debica' ? Piano sempre verso il nord. Sono abbattuto ma in fondo al cuore una speranza c'è ! la fede non mi abbandona. Resisteremo. Riattaccheremo. Ritorneremo presto, fratelli nostri morti ma per noi vivi e per l'Italia. E vedo come conferma ai miei pensieri un chiarore sempre più distinto lassù in alto, lassù nel cielo. Li tracceremo la parola Resurrezione, la parola Vittoria. Mi ritrovo finalmente con altri camerati del 'Debica' a Perugia. Abbiamo pochi automezzi e il materiale che si è riusciti a portare via da Spoleto. Siamo in pochi. Manca il Maggiore Sassi e altri, tanti altri. Ci interroghiamo con lo sguardo. Ma non abbiamo il coraggio di rispondere. Morti ? Prigionieri ? Dove saranno i fratelli nostri, i cari camerati ? 7 Giugno 1944. Dopo due giorni di sosta a 5 Km da Perugia la 2ª Compagnia parte la sera in direzione di Grosseto. Noi del Comando di Battaglione rimaniamo ancora qui sino a che è possibile. Attendiamo il ritorno degli automezzi per portare via almeno parte del materiale. 13 Giugno 1944. Gli autocarri non sono più tornati.*

Il giovane volontario SS Claudio Misturelli in forza al battaglione *Debica*.

Partiamo sotto una sottile pioggerella. 14 Giugno 1944. Passiamo dalla posta a ritirare quello che c'è per noi. Trovo un telegramma per me. Mia mamma è gravemente ammalata. Supplico il Tenente Tosatti di concedermi una licenza. Parto finalmente da solo verso Trieste. Arriverò in tempo ? Un oscuro presentimento mi dice che devo fare presto. Si va così piano con i mezzi di fortuna. Dopo due giorni sono a Firenze. Qui sosta di 5 giorni. Riparto finalmente verso Bologna".

Il 10 luglio, il battaglione, ridotto a circa 200 uomini divisi su due compagnie fucilieri, partì da Forlinpopoli diretto a Pinerolo per riunirsi al resto della brigata che era stata assimilata a tutti gli effetti alle *Waffen SS* assumendo la denominazione di *Waffen Grenadier Brigade der SS*.

Note

(1) Secondo alcune testimonianze a tutti i volontari italiani presenti venne detto che invece che in Italia, chi aveva aderito sarebbe stato inviato a combattere su altri fronti e chi non aderiva sarebbe stato rimandato nei campi di prigionia. Ciò per evitare, come in effetti avvenne, che molti dei "volontari" avevano aderito con il solo scopo di rientrare in Italia e poi disertare.

(2) Poi ridotte a tre.

(3) *1.Sturmbrigade*.

(4) Questo quanto riportato sull'arrivo a Pinerolo da parte di un volontario SS: "*Siamo arrivati oggi a Pinerolo. Una giornata nevosa-piovosa ci ha accolti. Fa freddo. Passiamo attraverso la cittadina. La popolazione ci guarda sorpresa. Ci sono però più sguardi di odio e di commiserazione che sguardi di gioia. Ma che ci importa ?*".

(5) Gli altri reparti della 1°Brigata d'Assalto portarono le mostrine rosse, dei reparti ausiliari delle Waffen SS, fino all'inizio dell'estate del 1944.

(6) Cantarella svolse per un breve periodo anche il ruolo di aiutante maggiore.

(7) Questo il commento di un volontario SS: "*Abbiamo finalmente le nuove divise. Sono di panno lucido, tipo paracadutista. Finalmente siamo vestiti un po' decentemente ed assomigliamo quasi ad un reparto regolare*". Secondo la testimonianza di un secondo reduce successivamente vennero distribuite delle nuove uniformi, sullo stile di quelle tedesche, fatte confezionare su iniziativa del Capitano Dal Dosso con camicia di flanella e pantaloni alla sciatore.

(8) Sergente Loris Ragoni: Poggibonsi 5.2.21 – I° Battaglione SS *"Debica"*. Ragoni è soldato dal 1940 arruolato nella marina italiana come telegrafista. Durante la campagna d'Africa era imbarcato sull'incrociatore Trieste. Il 1° ottobre 1943 si arruolava volontariamente come soldato nelle *Waffen SS* e dal 22 febbraio 1944 fa parte come comandante di squadra della 1ª Compagnia del I°Battaglione SS *"Debica"*. Durante l'addestramento ha dimostrato un esemplare senso del dovere. Durante l'attacco condotto il 21 marzo 1944 dalla 1ª Compagnia contro le alture occupate dal nemico a ovest di Torre Pellice, ha guidato un gruppo d'assalto contro un posto d'osservazione del nemico. Un pesante fuoco nemico inchiodò gli uomini tanto che non poterono ripiegare. Per dare un esempio ai suoi uomini

Ragoni ha continuato a tenere testa al nemico nonostante l'intenso fuoco riuscendo alla fine a penetrare nello stabile occupato dai partigiani e ad ucciderne quattro. Ragoni stesso fu gravemente ferito da colpi di mitragliatrice in diversi punti dello stomaco, morendo poco dopo a causa della gravità delle ferite. Durante le operazioni in Val Pellice si è particolarmente distinto nell'ottima conduzione della sua unità. Nonostante fosse stato colpito gravemente alla testa e al torace rimase al fianco dei suoi uomini fino a quando non vennero conquistate le postazioni nemiche

[9] Caporal Maggiore Roberto Pizzi: Stradella 26.3.1920 - I° Battaglione SS *"Debica"*. Pizzi è soldato dal 1940 e ha preso parte alla campagna di Albania e di Grecia come artigliere. Dopo la capitolazione dell'Italia, l'1 ottobre 1943 ha fatto domanda come volontario per combattere contro i nemici della nuova Europa. Dal 22 febbraio 1944 è inquadrato nella 2ª Compagnia del I°Btg./1°Rgt. In qualità di comandante di una squadra fucilieri. Pizzi si è distinto durante il periodo di addestramento per la dedizione nello svolgere i servizi e per spirito cameratesco. Durante l'attacco condotto dalla 2ª Compagnia unitamente al Battaglione su Villar Pellice in data 21 marzo 1944, la compagnia venne investita da un intenso fuoco di armi automatiche che sparavano dai monti sulla destra rispetto alla strada. Pizzi venne colpito da una scheggia di granata alla testa ma nonostante ciò condusse avanti il suo gruppo. Con il suo esempio personale, ha condotto il suo gruppo alla conquista di un caposaldo nemico e alla cattura di una mitragliatrice. Poiché ulteriori sacche di resistenza impedivano di risalire la valle, diede ordine ulteriormente di andare all'assalto riuscendo quindi a penetrare nel cuore dello schieramento nemico. Il suo eroismo venne così sancito dalla sua morte nello scontro.

[10] Caporal Maggiore Giovanni Fois: Arben 9.3.18 – Battaglione SS *'Debica'*. Il Caporalmaggiore Fois, durante un attacco alle posizioni dei ribelli in Val Pellice, venne impiegato come porta ordini alle dipendenze del comandante della compagnia. Comandato di portare al comando importanti ordini dovette attraversare un tratto di strada allo scoperto sotto un intenso fuoco di mitragliatrici nemiche. In questa circostanza Fois venne colpito allo stomaco e gravemente ferito. Per il suo senso del dovere e spirito di sacrificio ha rappresentato un ottimo esempio per i suoi camerati.

[11] Si trattava di Emanuele Artom. Nel dopoguerra delle sevizie ad Artom, poi ucciso, venne accusato il Capitano Dal Dosso che venne processato dalla corte d'assise straordinaria di Torino. Dal Dosso, che venne condannato a 30 anni, non poteva aver partecipato all'interrogatorio e alle sevizie in quanto era stato ferito gravemente il 21 marzo. Questa la memoria difensiva inviata dal Brasile dall'ufficiale: "*Sono stato capitano, comandante la 2ª Compagnia del I°Battaglione del 1°Reggimento SS Italiane dal febbraio 1944 al 25 aprile 1945. Il 19 aprile 1951 sono stato condannato dalla corte d'assise di Torino all'ergastolo, pena poi commutata a 30 anni di reclusione. Tale condanna, oltre che per varie imputazioni di rastrellamenti compiuti in val Pellice e Valli di Lanzo, è stata particolarmente provocata per l'uccisione di tre partigiani catturati. Dopo il 25 aprile fui internato al campo di concentramento americano di Coltano, ho vissuto quindi ad Albese (Como) fino all'agosto del 1947 poi sono stato ospitato presso una confraternita religiosa dell'Italia centrale fino al novembre 1948. Dal novembre del 1948 al novembre del 1952 sono stato nella Legione Straniera spagnola a Tahmina (Melilla) nel Marocco spagnolo. Dal 1953 mi trovo in Brasile. Il mio servizio di guerra prestato durante il tempo della Repubblica Sociale Italiana, nulla presenta, nelle sue caratteristiche, di diverso da quello da me prestato come ufficiale nelle campagne precedenti, voglio dire nella guerra italo-austriaca 1915-18, fronte italiano e macedone, 1919 campagna di Libia, 1935-40 campagna per la conquista dell'impero, e 1940-43 campagna di Grecia e Balcani. Durante queste campagne ho guadagnato anche due decorazioni al valor militare, una nel 1917 e l'altra nel 1937. Dichiaro di aver combattuto il partigiano ma non con l'idea di combattere l'esercito italiano, nel qual caso sarebbe stato molto mal rappresentato, ma con la convinzione di combattere un ribelle alle leggi del suo paese, abusivamente armato, senza una divisa uniforme e perciò non militare, ostentante delle insegne, bandiera rossa e falce e martello non italiane e che nella maggior parte dei casi attaccava per primo e quando poteva proditoriamente. L'unica volta che ebbi uno scontro a fuoco con i partigiani della Val Pellice fu il 21 marzo 1944 quando col reparto in marcia da Torre Pellice verso Bobbio Pellice, fui attaccato sulla strada con fucileria e mortai e gravemente ferito. Non conosco i tre partigiani fucilati in quanto io mi trovavo degente in ospedale ne venni a conoscenza del fatto se non dopo il processo, non ho mai compiuto arresti in Luserna o altrove, se talvolta ho dovuto inviare qualcuno di Luserna al comando di Pinerolo fu per aderire ad analoga richiesta del comando stesso. Non ho mai seviziato nessun partigiano; quei partigiani che si arrendevano con le armi in pugno o venivano arruolati volontariamente nel nostro reparto o venivano inviati al comando, ogni mia azione fu sempre improntata da carattere militare e mai ho agito come ufficiale di polizia. Nel corso delle operazioni militari del mio reparto poteva capitare che i militi si impossessassero di qualche oggetto di valore e quando la cosa veniva a mia conoscenza, l'oggetto veniva restituito al proprietario. A Luserna San Giovanni sono stato inviato due volte; la prima a fine febbraio del 1944, dopo che in paese era stato proditoriamente assassinato un ufficiale del mio reggimento, il Tenente Hafner, ufficiale italiano dell'Alto Adige, il secondo di ritorno dalle operazioni di guerra per la difesa di Roma, nel mese di luglio. Durante questi due periodi ebbi tre uomini assassinati entro l'abitato del paese, un sottufficiale e due uomini di truppa, sepolti vicino al Tenente Hafner in quel cimitero. Non ho mai ordinato rappresaglie. Circa atti svolti verso specifici individui quali Artom etc., dichiaro di non averli mai sentiti nominare,*

ne di averli arrestati e ancora meno seviziati od uccisi. Credo di asserire con assoluta certezza che nella zona di Luserna, almeno per quanto mi riguarda, gli unici morti sono stati del mio battaglione. Ritengo che le accuse a mio carico siano dovute ad errore di persona, voluto o casuale. Non ho altro da aggiungere".

(12) Nato a Villaverla (Vi) il 3.3.18.

(13) Nato a Villetta Barrea (Aq) il 18.1.18. In alcuni documenti indicato come Gianfranco Selvitze.

(14) Ordine del Comando della 14ª Armata al Comando della 92ª Divisione di Fanteria del 29 maggio, in base al quale *La divisione può contare nei prossimi giorni sull'assegnazione di un nuovo battaglione della SS-Sturmbrigade 'Italia'. Questo battaglione è da impiegare in un settore del fronte poco rischioso.*

(15) Maresciallo Walter Morini: Reggio Emilia 27.6.1915 – Battaglione SS *'Debica'*. Morini ha preso parte alla guerra d'Abissinia dove venne decorato con la Medaglia di Bronzo per il valore dimostrato in battaglia. Ha preso quindi parte alla campagna di Libia e Tunisia dove venne ferito gravemente due volte. Anche su questi fronti per il coraggio dimostrato venne decorato nuovamente e promosso al grado di sergente. Dal settembre 1943 al gennaio 1944 ha svolto un periodo di addestramento in Germania e dal febbraio 1944 è comandante di plotone in un battaglione di fanteria delle SS. Ha preso parte ai combattimenti lungo la testa di ponte di Nettuno, a Roma e nella zona del Lago di Bolsena. Qui si è particolarmente distinto per coraggio il 2 e il 5 giugno 1944. Più volte si trovò accerchiato con il suo plotone da avanguardie anglo-americane riuscendo con pochissime perdite ad evitare l'annientamento del suo reparto. Alla testa del suo plotone guidò l'assalto ad una postazione elevata nemica dove vennero catturati prigionieri e notevoli quantità di materiali.

(16) Maresciallo Enrico Vicentini: Verona, 15.4.15 – Battaglione SS *'Debica'*. Comandante di squadra venne inviato a presidiare un punto avanzato sul fronte di Roma. Tenne la postazione nonostante fosse stata superata da carri armati nemici. dopo aver ricevuto l'ordine di ripiegare ha condotto la sua squadra con perizia attraverso il territorio occupato dal nemico e sotto un intenso fuoco di armi pesanti. Riuscì a riportare la sua squadra senza perdite alle nostre posizioni. Vicentini in questa occasione ha dimostrato calma e sicurezza come comandante di squadra riuscendo a tenere compatti i suoi uomini nonostante l'intenso fuoco nemico.

(17) Maresciallo Fernando Vasquez: La Spezia, 19.10.10 – Battaglione SS *'Debica'*. Vasquez è stato distaccato presso il comando dell'Ufficiale tedesco di Collegamento. Sia di notte che di giorno è stato spesso comandato per portare ordini e notizie fra il comando e le truppe in linea. Durante queste missioni è stato più volte attaccato da nuclei di ribelli. In un' occasione nonostante fosse stato ferito gravemente riuscì con sforzo sovrumano ha portare importanti notizie al comando. Si è distinto in altre occasioni per il suo spirito indomabile e la sua non comune forza di volontà.

(18) Caporale Umberto Lucarelli: Torino, 8.8.10 – Battaglione SS *'Debica'*. Il Caporale Lucarelli svolge il servizio di porta ordini trovandosi spesso a passare sotto il fuoco nemico per portare i suoi ordini e messaggi. Mentre rientrava al comando di compagnia si accorse che carri armati nemici avevano sfondato la linea del fronte e stavano minacciando di accerchiamento l'intero reparto. Grazie alle sue informazioni quasi tutto il reparto poté sganciarsi e raggiungere in salvo la nuova linea del fronte. Lucarelli si è in più occasioni distinto per coraggio e sprezzo del pericolo.

(19) Nato a Ravenna il 12.6.1920.

Bibliografia

Leonardo Sandri, *"il battaglione SS 'Debica', SS-Freiwilligen Bataillon 'Debica': una documentazione"* Edito in Proprio

Sergio Corbatti, Marco Nava, *"Sentire-Pensare-Volere, Storia della Legione SS italiana"*, Ritter edizioni

Massimiliano Afiero, *"Italiani nella Waffen-SS"*, Associazione Culturale Ritterkreuz

Referenze fotografiche: le foto nell'articolo, dove non diversamente specificato, provengono dalla collezione di Sergio Corbatti e Marco Nava.

SS-Unterscharführer Egon Christophersen

di Antonio Guerra

SS-Unterscharführer **Egon Christophersen.**

Egon Christophersen, *Unterscharführer* nella *Waffen-SS* durante la Seconda Guerra Mondiale, fu il primo dei tre volontari danesi ad essere decorato con la Croce di Cavaliere della Croce di Ferro. Nacque l'8 febbraio 1919 a Strøby in Danimarca. Dall'età di sette anni iniziò a frequentare la scuola locale di Strøby e poi lavorò in una fattoria sperimentale dall'età di quattordici anni con i suoi tre fratelli. Con l'inizio della guerra, Christophersen si iscrisse al Partito Nazionalsocialista dei Lavoratori di Danimarca, diventando poco dopo un membro della sua milizia armata, la *Storm Afdeling*. Il 7 aprile 1941, si arruolò nella *Waffen-SS*. Fu quindi trasferito a Graz per completare il suo addestramento di base con il battaglione di riserva dell'*SS-Regiment Der Führer*. Dopo aver completato il suo addestramento, fu assegnato alla *11.Kompanie* dell'*SS-Regiment Nordland* della *SS-Division Wiking* nell'agosto 1941, ma subito dopo fu trasferito alla *9.Kp./Nordland*. Quando la divisione fu trasferita sul fronte dell'Est, Christophersen fu nuovamente trasferito ad un'altra compagnia, questa volta la *2.Kp./Nordland*. Nel maggio 1942, fu promosso *Sturmmann*. Durante i combattimenti nel Caucaso, rimase ferito ad entrambe le cosce e fu evacuato in un ospedale militare nel settembre 1942. Terminata la convalescenza, fu trasferito al battaglione di deposito dell'*SS-Regiment Westland* a Graz. Christophersen rimase a Graz fino al febbraio 1943, quando ritornò alla sua divisione, la *Wiking*, nel frattempo trasformata in una nuova divisione di granatieri corazzati. Fu decorato con la Croce di Ferro di Seconda Classe per essersi distinto nei combattimenti nel Caucaso e fu promosso *Unterscharführer*.

Nel maggio 1943, Christophersen fu trasferito alla nuova divisione SS *Nordland*, formata intorno all'*SS-Regiment Norland*, acquartierato a Grafenwohr. Fu quindi assegnato alla *7.Kompanie* del nuovo *SS-Panzergrenadier Regiment 24 'Danmark'*, composta principalmente da volontari danesi. Dopo aver completato l'addestramento, questa unità fu inviata in Croazia per essere impegnata contro le formazioni partigiane titine. Il fratello di Egon, Viggo, anch'esso arruolato nella *Waffen-SS*, rimase ucciso in questo stesso periodo. La *SS-Division Nordland* insieme con la Brigata SS *Nederland*, riunite nel *III.(Germ.)SS-Panzer-Korps*, furono trasferite tra il dicembre 1943 e il gennaio 1944 sul fronte di Leningrado, nel settore di Oranienbaum.

Sul fronte di Narva

Dopo la ritirata dal fronte di Leningrado, i reparti del *III.(Germ.)SS-Pz.Korps* si attestarono sul fronte di Narva fin dal febbraio 1944. I combattimenti difensivi si protrassero per mesi, fino alla primavera e l'inizio dell'estate. La *7.Kp./Danmark* di Christophersen era trincerata nell'area a sud di Narva e ad est di Kreenholm, accanto al distretto di Dolgaya Niva. Queste posizioni furono attaccate dai reparti sovietici fin dal 20 maggio e nei giorni successivi. Il 7 giugno 1944, i sovietici lanciarono un attacco contro l'avamposto di *Sonnenschein* difeso proprio dalla *7./Danmark*, causando numerose perdite tra i volontari danesi. I resti della compagnia, al comando dell'*SS-Ustuf.* danese Leo Madsen, riuscirono in qualche modo a respingere questo primo attacco. Cinque giorni più tardi, i sovietici tornarono ad attaccare, facendosi precedere da un pesante bombardamento della loro artiglieria. Il settore di Sonnenschein si ritrovò così completamente isolato. Gli artiglieri sovietici impiegarono dei proiettili fumogeni che coprirono tutto il paesaggio sotto una nebbia artificiale. Le nuvole di fumo raggiunsero anche il posto di comando del *II./Danmark* a Dolgaja-Niva. Qualche minuto più tardi, l'*SS-Ustuf.* Madsen,

Elementi motorizzati della divisione SS *Nordland* in un villaggio croato, estate 1943 (NARA).

Granatieri del reggimento *Danmark* su una postazione difensiva, estate 1944 (NARA).

lanciò un razzo luminoso, per chiedere aiuto, considerato che i resti della sua compagnia erano totalmente circondati a Sonnenschein. Egli sapeva benissimo che non poteva mantenere a lungo la posizione, per cui decise di tentare una manovra di rottura per raggiungere il suo battaglione a Dolgaja-Niva. Ma ormai era troppo tardi, la morsa sovietica si era saldamente stretta intorno a loro. Sotto la copertura della nebbia e del rombo delle esplosioni, i soldati sovietici attaccarono ancora le posizioni della 7./*Danmark*, innescando feroci scontri corpo a corpo.

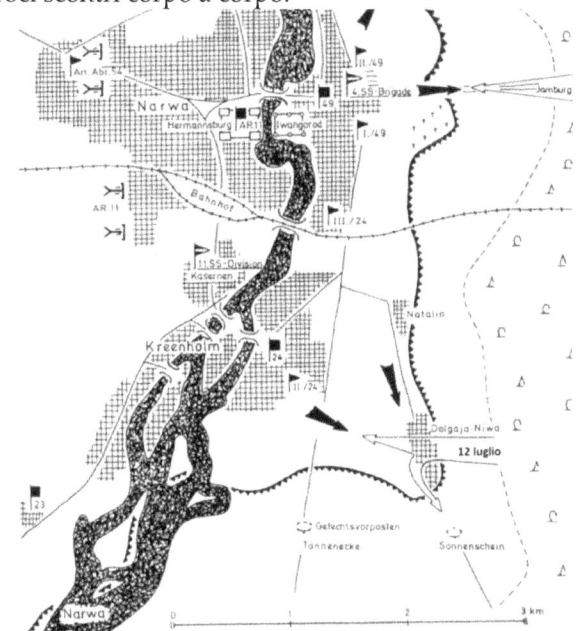

Dislocazione delle forze tedesche sulla testa di ponte di Narva. In basso a destra, le posizioni del *Danmark* con l'avamposto di Sonnenschein.

Due comandanti di plotone caddero alla testa dei loro uomini, l'*SS-Ustuf.* Johannes Koopmann e l'*SS-Ustuf.* Arne Michaelsen. Solo un gruppo di una decina di uomini, guidati dall'*SS-Uscha.* Egon Christophersen, continuarono a resistere, sull'ala nord della posizione. Il razzo sparato da Madsen all'inizio dell'attacco, era stato visto dal posto di osservazione del reggimento di artiglieria della *Nordland*.

I cannoni entrarono in azione e spedirono un diluvio di fuoco sulla zona ad est di Dolgaja-Niva, dove i sovietici avevano ammassato le loro truppe. Nel frattempo, almeno duecento fanti

Una squadra mitraglieri della *Nordland* in posizione avanzata, 1944.

sovietici si erano già lanciati attraverso la breccia aperta riuscendo a guadagnare altro terreno. Altri reparti sovietici uscirono dalle foreste e si lanciarono contro la posizione già sotto attacco. I cannoni dell'*SS-Ostubaf.* Karl regolarono bene il loro tiro, polverizzando letteralmente la fanteria sovietica, che sparì tra il fumo e le esplosioni. Ma giunsero subito dopo altre forze nemiche e sembrava che niente potesse fermare i reparti sovietici, che continuarono ad attaccare, malgrado le pesanti perdite subite: i sovietici sembravano essere ormai padroni dell'avamposto di *Sonnenschein* e si stavano spingendo anche dentro Dolgaja-Niva, dove si stava combattendo casa per casa. Il gruppo guidato da Christophersen, teneva ancora, pur essendo totalmente accerchiato. L'*SS-Hstuf.* norvegese Erik Lärum, comandante della *13./Danmark*, equipaggiata con obici da 150mm, aveva osservato dalla sua postazione avanzata, i combattimenti intorno a Sonnenschein e vista la gravità della situazione, decise

Soldati del *Danmark* al riparo di una trincea sul fronte di Narva, estate 1944.

Granatieri del *Danmark*.

di abbandonare momentaneamente i suoi obici, per soccorrere i granatieri SS. Mettendosi alla testa di un gruppo da combattimento, comprendente i suoi artiglieri ed i granatieri delle due compagnie pesanti del *II.* e *III./Danmark*, Lärum contrattaccò. Inoltre, Lärum richiese l'appoggio dei mortai e dell'artiglieria al comando divisionale: tutti i cannoni e le armi pesanti presenti nel settore concentrarono il loro fuoco sulle posizioni sovietiche intorno a Dolgaja-Niva. Completamente sommersi sotto una vera e propria tempesta di fuoco, i soldati sovietici furono costretti a dover cercare riparo per evitare di finire uccisi. Subito dopo l'azione dell'artiglieria, fu lanciato un contrattacco con tutte le forze disponibili: l'*SS-Hstuf.* Herbert Meyer giunse con una parte della sua compagnia, la *9./Danmark* partecipando all'assalto contro Dolgaja-Niva, mentre altri elementi della *8.* e della *16./Danmark*, giunsero di rinforzo insieme a due cannoni d'assalto *StuG III*. I granatieri del *Danmark* arrivarono poco dopo tra le trincee, dove si erano rifugiati i superstiti dell'attacco sovietico, fecero una quarantina di prigionieri e riconquistarono il terreno perduto.

Subito dopo, fu stabilito il collegamento con i loro camerati della *7.Kompanie*, raggruppati intorno all'*SS-Uscha*. Christophersen. Il sergente danese non aveva atteso l'arrivo dei rinforzi, per lanciare con il suo pugno di granatieri dei contrattacchi a sud e a nord della sua posizione, riuscendo così a rompere l'accerchiamento.

Granatieri del *Danmark* al riparo di una trincea si preparano a lanciare un attacco contro le posizioni sovietiche, estate 1944.

L'*SS-Hstuf.* Heinz Hämel, che si era portato in prima linea, raggiunse tra le trincee il sottufficiale danese, che egli conosceva molto bene, quando era stato al comando della sua compagnia, per decorarlo personalmente con la Croce di Ferro di Prima Classe e raccomandandolo successivamente per la Croce di Cavaliere, il primo volontario danese a riceverla, che gli fu concessa ufficialmente l'11 luglio 1944. Solo tre danesi ricevettero la Croce di Cavaliere durante la Seconda Guerra Mondiale, gli altri due furono l'*SS-Ostuf.* Søren Kam e l'*SS-Ostuf.* Johannes Hellmers. Egon Christophersen sopravvisse alla guerra e ritornò a vivere a Køge in Danimarca. Lavorò a Ørum nella fabbrica *Hansen* per oltre trenta anni. Morì il 15 gennaio 1988.

A sinistra, l'*SS-Uscha.* Christophersen subito dopo essere stato decorato con la Croce di Ferro di Prima Classe. Nella foto a destra, ancora l'*SS-Uscha.* Christophersen (secondo da destra) con altri volontari danesi decorati con la Croce di Ferro di Seconda Classe.

Due foto dell'*SS-Uscha*. Egon Christophersen con la Croce di Cavaliere.

Un'altra foto di Christophersen firmata.   In licenza in Danimarca.

www.ingramcontent.com/pod-product-compliance
Lightning Source LLC
LaVergne TN
LVHW081452060526
838201LV00050BA/1778